Il Potere di Lasciare Andare

7 Tecniche Efficaci su Come Smettere di Pensare Troppo al Passato, Guarire le Ferite Emotive, e Godere della Libertà (che Meriti), senza Ruminare

Logan Mind

Copyright © 2024 - All rights reserved.

EMOTIONAL INTELLIGENCE

for Social Success

FREE DOWNLOAD: pxl.to/loganmindfreebook

LOGAN MIND

EXTRAS

https://pxl.to/LoganMind

Books
Workbooks
FREE GIFTS
Review Team
Audiobooks
Contacts

CLICK NOW!

@loganmindpsychology

Ottieni il tuo libro gratuito!

Come segno di ringraziamento per l'acquisto di "Il Potere del Lasciar Andare," sono entusiasta di offrirti un'altra risorsa preziosa assolutamente GRATUITA. **Esplora** "Intelligenza Emotiva per il Successo Sociale" e eleva il tuo **percorso** verso il benessere emotivo.

All'interno di questa offerta, otterrai:

- Approfondimenti su come gestire le emozioni in modo efficace negli ambienti sociali
- Strategie per migliorare le tue abilità sociali e costruire connessioni significative
- Tecniche per riconoscere e affrontare le emozioni degli altri
- Consigli pratici per ridurre l'ansia nelle situazioni sociali
- Guida per migliorare la consapevolezza di sé e l'autoregolazione

Se sei desideroso di migliorare le tue interazioni sociali e la resilienza emotiva, assicurati di ottenere questo libro omaggio.

Ecco come:

- Segui il link qui sotto
- Clicca su Libro GRATUITO
- Seleziona la tua lingua
- Scarica!

Per accedere al tuo libro gratuito istantaneamente, visita:

https://pxl.to/LoganMind

Come scaricare i tuoi extra

Immagina **sbloccare** il pieno potenziale del tuo benessere emotivo con strumenti esclusivi che integrano ed espandono sulle tecniche discusse in questo libro. Questi extra sono compagni essenziali che non vuoi perdere, progettati per approfondire la tua comprensione e l'applicazione basata sull'azione delle strategie di cui leggerai. Offrono benefici immediati e pratici che ti aiuteranno a ottenere chiarezza, ridurre l'ansia e coltivare la libertà che meriti.

Ecco una breve panoramica di ciò che ti attende:

- **Una sfida di 21 giorni scaricabile e pratica — Valore $14.99**: Questa guida passo dopo passo offre azioni e riflessioni quotidiane per costruire slancio, rafforzando le tue nuove abitudini e rendendo il progresso tangibile.
- **101+ Mantra per rilasciare il bagaglio emotivo**: Energizza la tua giornata e cambia la tua mentalità con una potente raccolta di mantra specificamente creati per affrontare ferite emotive e spirali negative.
- **Essenziali per la regolazione emotiva — Valore $9.99**: Ottieni accesso a strumenti ed esercizi essenziali per mantenere la stabilità emotiva e costruire resilienza per superare le sfide della vita.
- **Bonus: Intelligenza Emotiva per il Successo Sociale — Valore $14.99**: Eleva le tue relazioni interpersonali e le interazioni sociali con una guida pratica che potenzia la tua intelligenza emotiva per connessioni più appaganti e bilanciate.

Queste risorse complementari sono progettate per fornirti ulteriori livelli di supporto e guida. Accelereranno il tuo progresso, rendendo i principi di questo libro non solo concetti teorici, ma esperienze vissute.

Ecco come iniziare con i tuoi extra:

- **Segui il link qui sotto**
- **Clicca sulla copertina del libro**
- **Clicca su EXTRA**
- **Inserisci la lingua che parli**
- **Clicca su Download**
- **Scarica dalla pagina che si aprirà successivamente**

Scopri gli extra qui:

https://pxl.to/LoganMind

Interessato ad Altri Libri?

Mentre *questo libro* ti fornisce tecniche trasformative per smettere di pensare troppo e andare avanti, è solo un pezzo del puzzle. Affrontare aree correlate può ulteriormente solidificare la tua nuova mentalità e libertà emotiva. Coinvolgersi con altri argomenti fornirà una comprensione più ampia e un approccio più completo al benessere generale.

Considera di esplorare alcuni altri argomenti cruciali:

- **Mindfulness**: Imparare a vivere nel momento è essenziale per alleviare il pensiero eccessivo. Il mio prossimo libro, "Nel Qui e Ora: Padronanza della Consapevolezza", esplora pratiche efficaci che ti allenano a rimanere presente, ridurre lo stress e apprezzare ogni momento. Serve come un compagno perfetto per approfondire la tua consapevolezza e rafforzare la tua concentrazione.
- **Intelligenza Emotiva**: Sviluppare una consapevolezza emotiva accentuata può cambiare il gioco per la guarigione delle ferite emotive. "Emozione Intelligente: Potenziare la Tua Intelligenza Emotiva per Migliori Relazioni e Successo" esamina tecniche per riconoscere, capire e gestire le tue emozioni. Completa **gli insegnamenti attuali** potenziandoti con abilità per costruire interazioni più sane e crescita personale.
- **Auto-Compassione**: Molti che lottano nel lasciar andare lottano anche con il perdono di sé. "Compassione Profonda: Amore e Accettazione di Sé" è progettato per guidarti attraverso il processo di essere più gentile con te stesso. Gli strumenti offerti possono amplificare il progresso che hai fatto, creando un percorso olistico verso il benessere emotivo.

Questi libri sono stati pubblicati o sono in procinto di arrivare a breve. Sono scritti con la stessa dedizione e profondità, garantendo che offrano un valore sostanziale ai tuoi sforzi di auto-miglioramento.

Se altri argomenti ti interessano, sentiti libero di esplorare l'intera gamma dei miei libri. Sono progettati per affrontare vari aspetti del benessere mentale ed emotivo, garantendo che ci sia qualcosa di benefico per tutti.

Scopri i libri e i contatti qui:

https://pxl.to/LoganMind

Segui il link qui sotto

Clicca su Tutti i Miei Libri

Prendi quelli che ti interessano.

Nel caso tu voglia metterti in contatto con me, puoi trovare tutti i contatti alla fine del link qui sotto.

Potenzia te stesso con le conoscenze e gli strumenti che risuonano con il tuo percorso unico.

Unisciti al mio Team di Recensioni!

Grazie per aver letto il mio libro! Mi piacerebbe avere il tuo feedback onesto, e quale modo migliore di offrirti una copia gratuita del mio libro? Se sei un lettore appassionato, considera di unirti al mio Team di Recensioni per ricevere copie di recensione anticipata (**ARCs**) ogni volta che pubblico un nuovo libro.

Ecco come puoi unirti:

- Clicca sul link o scannerizza il **codice QR**.
- Clicca sulla copertina del libro nella pagina che si apre.
- Clicca su "Unisciti al Team di Recensioni".
- Registrati su **BookSprout**.
- Riceverai una notifica ogni volta che pubblico un nuovo libro.

Guarda il team qui:

https://pxl.to/LoganMind

Introduzione

"Oggi è il domani di cui ti preoccupavi ieri." — Dale Carnegie

Non è affascinante come le nostre menti possano intraprendere un vortice infinito di pensieri, preoccupandoci delle cose del passato trascurando il presente? Ho passato anni a osservare le persone combattere con questo, tormentate da pensieri che, molte volte, non hanno alcuna attinenza con la loro realtà attuale. Se sei qui, significa che potresti essere caduto nella stessa trappola, alle prese con il troppo pensare e il suo impatto devastante sul tuo benessere emotivo.

Abbiamo tutti quei momenti di *oh no...avrei dovuto dire quello?*, ripetendoli come un disco rotto. (Colpevole come accusato.) Il mio obiettivo con questo libro è semplice: guidarti fuori da questo labirinto mentale e aiutarti a riconquistare quella libertà che hai desiderato, senza le interminabili ruminazioni. Suona bene, vero?

Tornando nei miei affollati uffici e durante le sincere sessioni di coaching, ho visto persone spezzare catene che solo loro potevano percepire. Anime trattenute da paure, rimpianti e alcune ferite emotive piuttosto brutte. È perfettamente naturale avere questi sentimenti (fidati, non sei solo), ma riconoscerli è il primo passo per una mente migliore e più calma.

Ora, prepariamo il terreno. È essenziale capire esattamente cosa sta succedendo dentro le nostre teste—quindi Parte 1: *Comprendere le Catene*. Il troppo pensare ti suona familiare? Sì, è da lì che partiamo. È questa intricata bestia che ci getta in un vortice infinito di dubbi e negatività. E non parliamo nemmeno di quel critico interiore— quello che si assicura che non dimentichiamo mai un solo errore.

Ma la questione è che, quando troppo pensiamo e mastichiamo le nostre preoccupazioni come un brutto pezzo di gomma, ha un prezzo alto—la salute emotiva. Hai mai realizzato che quelle notti insonni e quell'ansia costante possono essere sintomi di queste problematiche radicate? Riconoscerlo è fondamentale (seriamente, ignorarlo renderà solo le cose peggiori).

Hai mai pensato al motivo per cui certe paure e ansie ci inseguono? Beh, il Capitolo 2 affronta le origini di queste fastidiose paure. Spoiler alert—è spesso intrecciato con le nostre abitudini di troppo pensare. Per coloro che si chiedono *perché* le emozioni agiscono nel modo in cui lo fanno, questa parte delinea le basi delle risposte alla paura e le loro ovvie connessioni con l'ansia. Capire questi concetti può avviarci sulla strada per affrontare le nostre incertezze centrali.

Poi, c'è la parte succosa—le ferite emotive. Ferite passate che influenzano ogni nostro pensiero e umore (...sì, quei momenti a scuola in cui eravamo imbarazzati, o quelle roventi rotture). Questo bagaglio può rendere la vita inutilmente difficile. I nostri pensieri vengono trascinati in spirali negative implacabili, plasmando l'intera nostra visione del mondo. Il Capitolo 3 potrebbe essere un'apertura agli occhi su questo—purché tu sia abbastanza coraggioso da dare un'occhiata alle tue ferite emotive e spalancare la porta al recupero.

Passando alla Parte 2, si tratta di *Prepararsi al Cambiamento*. Questo è il riscaldamento pre-partita prima di affrontare le questioni serie. Ho elaborato alcune tecniche facili da seguire per aiutarti a costruire consapevolezza di te stesso. È una parte essenziale per comprendere la tua mente che parla senza sosta. (Prometto, le tecniche di consapevolezza di te stesso non sono per niente noiose.) Riconoscere i tuoi modelli di pensiero distruttivi ti porta a metà della strada per vincere la battaglia. Fidati, queste tecniche fanno miracoli.

Sono un grande sostenitore del *Riformulare e Ristrutturare i Pensieri* (da qui, Capitolo 5). È come la ceramica—rimodelli l'argilla in un bel vaso. Stiamo trasformando pensieri caotici in pensieri produttivi. Hai mai sentito parlare della Terapia Comportamentale Cognitiva (TCC)? È come un'arma segreta per decapitare quei pensieri negativi. E il Modello ABC (Evento Attivante, Credenza, Conseguenza)—li analizzeremo con esempi accoglienti e quotidiani.

Il Capitolo 6 in questa sezione approfondisce la *Regolazione Emotiva*. È incredibilmente gratificante vedere i miei clienti praticare le tecniche della Terapia Comportamentale Dialettica (TCD) o i principi della Terapia dell'Accettazione e dell'Impegno (ACT). Costruiscono una resilienza emotiva solida come una roccia. Tecniche di radicamento, rilassamento muscolare progressivo...potrebbero sembrare uscite da un film di fantascienza, ma sono strumenti pratici per ancorare la tua mente in fuga.

Praticare il Lasciar Andare nella Parte 3 è il momento della verità. Qui entriamo nella routine quotidiana. Il Capitolo 7 introduce tecniche per un immediato sollievo mentale. C'è qualcosa di innegabilmente appagante nelle soluzioni dirette—fermare i pensieri, terapia di esposizione, Tecniche di Libertà Emotiva (EFT). Ti rimettono subito al controllo.

Per il lungo termine, il Capitolo 8 è il tuo arsenale. Immagina queste tecniche che si incastonano come abitudini—quanto bello sarebbe se i tuoi modelli di pensiero negativi svanissero nel vento? Imparerai indicatori (scatenanti personali) e pianificazione personalizzata per evitare ricadute (è come impostare una sveglia per le nostre menti).

Infine, il Capitolo 9, *Abbracciare la Libertà e Andare Avanti*, sarà il tuo scrigno pieno di momenti da celebrare e strumenti per affrontare le sfide future a testa alta. Immagina una vita meno appesantita dalle ruminazioni costanti—purtroppo elusiva per molti ma totalmente realizzabile per te. Sei abilitato a affrontare ogni nuova sfida e goderti veramente la libertà che meriti.

Allora, perché credermi? Attraverso anni di coaching, consulenza esecutiva e scrittura di psicologia e filosofia, ho visto quasi ogni sfumatura del comportamento umano. Lavorando con alcune delle principali aziende del mondo, mentorando leader—ho vissuto e respirato queste tecniche e strategie. La mia passione non si limita alla teoria—metto in pratica ciò che dico.

Ecco... *Il Potere del Lasciar Andare* non è solo un altro titolo di auto-aiuto; è la tua mappa per una mente più libera, pensieri più chiari e benessere emotivo che non credevi possibile. Questo viaggio che stiamo per intraprendere insieme arriva dritto al nucleo del tuo essere, scavando in profondità nelle sfaccettature che potresti aver solo sfiorato. Allora perché aspettare?

Inizia con il Capitolo 1 per iniziare a districare l'intricato labirinto dei pensieri, e afferrare quella pace mentale che desideri. Con ogni pagina, ogni esercizio e ogni momento di introspezione, sei un passo più vicino a lasciar andare e vivere con la libertà che meriti davvero.

Parte 1: Comprendere le Catene

Capitolo 1: La Trappola dell'Eccessiva Riflessione

"**L'eccessiva riflessione** è l'arte di creare problemi che non c'erano nemmeno."

Parliamo dell'**eccessiva riflessione**. È qualcosa che facciamo tutti, vero? Quelle notti in cui la mente semplicemente non *smette di pensare*. Che si tratti di analizzare una vecchia conversazione o preoccuparsi per il futuro, rimaniamo bloccati in questo ciclo esaustivo.

Questo capitolo, "La Trappola dell'Eccessiva Riflessione", mira a fare luce su perché questa abitudine possa essere così subdola e, francamente, esaustiva. Sai che in media una persona ha circa 70.000 pensieri al giorno? È un sacco di potenza cerebrale! Esploreremo il **Circolo Infinito dei Pensieri** - cosa mantiene quei pensieri rimbalzanti nelle nostre menti...

Che tu ci creda o no, un grande protagonista qui è quello che chiamiamo il **Critico Interiore**. Quella piccola voce che ti dice sempre che non sei abbastanza bravo? Esatto, quella. Questo capitolo toccherà anche il **Pedaggio Emotivo sul Benessere**, perché, ammettiamolo, è *affaticante* stare così tanto nella propria testa.

Riconoscere i sintomi è il primo passo per liberarsi. Quindi, **Riconoscere i Sintomi**... sentirsi bloccati, preoccuparsi costantemente, o forse solo un senso generale di esaurimento, sono tutti segnali. E la parte migliore? Affronteremo anche il **Rompi il Ciclo**.

Pronto a continuare a leggere? Prima di rendercene conto, potresti trovare pace dalla tempesta nella tua mente... e, alla fine, una te più chiara e concentrata. Continua!

Il Ciclo Infinito dei Pensieri

Ti sei mai ritrovato a ripensare continuamente allo stesso problema? Come se stessi costantemente rivedendo un vecchio video nella tua mente - pensando a quella volta in cui hai detto qualcosa di imbarazzante o non hai fatto ciò che avresti dovuto fare. È piuttosto comune, anche se sembra davvero folle.

Quando rumini o pensi troppo alle cose, finiamo intrappolati in **modelli di pensiero negativi ripetitivi**. Questi pensieri spesso si concentrano su eventi passati che non possiamo cambiare. E quanto amano presentarsi proprio quando stiamo cercando di addormentarci o abbiamo bisogno di concentrarci su qualcosa di importante. Diciamo che hai commesso un errore sul lavoro un anno fa; invece di lasciarlo andare, continui a riviverlo nella tua mente. Ogni minimo dettaglio, ogni sguardo che qualcuno ti ha lanciato... È come il tuo personale spettacolo dell'orrore in ripetizione. Questo costante ripetersi mantiene la ferita fresca, senza mai permetterle di guarire veramente.

Inizi a perderti il momento presente. È come essere fisicamente qui ma mentalmente altrove completamente. Qualcuno potrebbe parlarti, ma in realtà non stai ascoltando perché stai ripensando a qualcosa che è accaduto tempo fa. Ha un grosso impatto sulla tua capacità di coinvolgerti con il qui e ora. Ti è mai capitato di essere a una festa e anziché divertirti, tutto a cui riuscivi a pensare era quella cosa imbarazzante che hai fatto il mese scorso? Questo è ciò che accade quando non riusciamo a concentrarci sul presente.

È un groviglio così intricato. I pensieri ripetitivi ti trascinano continuamente verso ciò che ti preoccupa, e potresti iniziare a credere che le cose siano peggiori di quanto non siano realmente. Rimani intrappolato in un ciclo infinito, quasi come essere bloccato su una giostra che non si ferma mai. Toglie la gioia dal momento e rovina qualsiasi possibilità di pace. Non puoi cambiare il passato, ma eccoti lì, spendendo tutta la tua energia mentale su di esso.

A volte ti rendi conto di non aver prestato attenzione a ciò che ti circonda perché sei troppo coinvolto nel tuo ciclo. Perdiamo ciò che sta effettivamente accadendo - piccole gioie, nuove opportunità, connessioni con gli altri. È davvero difficile essere presenti, sai? Hai notato quanto sia più facile goderti le cose quando la tua mente non è offuscata dai tuoi errori passati o dai rimpianti?

Pensare troppo ci intrappola perché sembra che stiamo lavorando su un problema, ma spesso non è così. Stiamo rivivendo le cose che ci hanno ferito senza fare progressi. Come essere su un tapis roulant, correre ma non arrivare da nessuna parte. Pensare troppo è seducente; ti dà l'illusione di attività mentre ti tiene fermo nello stesso punto.

Ecco qualcosa di importante:

"La mente dirà spesso 'Pensiamoci ancora una volta', come se pensarci ancora una volta ti proteggesse. Ma in realtà, è il modo della nostra mente di evitare ciò che abbiamo passato."

I nostri cervelli sembrano programmati per tornare su questi pensieri, quasi come se ci fosse qualcosa di critico nascosto in quel caos che abbiamo trascurato. E così via, rendendoci difficile vivere nel momento.

Un buon modo per andare avanti è *vedere se questi pensieri* servono a uno scopo reale. Ci stanno aiutando a risolvere un problema o solo a renderci infelici? È una domanda che vale la pena farsi. Perché se ti sta solo trascinando giù, forse è il momento di uscire da quel tapis roulant mentale e vivere nel presente della vita che stai vivendo in questo momento.

Punti chiave:

- Questi loop negativi raramente aiutano a risolvere i problemi.

- Rivedere costantemente gli errori del passato significa perdere momenti presenti - alcuni dei quali potrebbero essere piuttosto fantastici!
- È difficile ma necessario allontanarsi da questi modelli se vogliamo goderci la vita.

Come possiamo liberarci? Inizia con il rendersi conto che questi pensieri non aiutano. Quindi, ogni volta che ti accorgi di essere bloccato in quel ciclo, ricordati gentilmente di tornare al presente. Concentrati su ciò che ti circonda. È una pratica - e ci vuole tempo - ma ne vale la pena.

Spero che ti abbia dato qualcosa su cui riflettere... ma senza pensarci troppo, giusto?

Il Ruolo del Critico Interiore

Nelle nostre vite, quella voce interiore che offre costantemente opinioni e critiche sembra spesso forte e inevitabile. Questo è il "critico interiore", una parte di noi che giudica tutto ciò che facciamo. Il severo auto-giudizio, con la sua incessante negatività, aumenta la nostra attenzione alle paure e alle insicurezze, un po' come avere un allenatore molto severo che è sempre alle costole.

Penso che tutti abbiamo avuto momenti in cui l'auto-critica è sfuggita al controllo. Potresti iniziare a criticare tutto: come hai gestito una conversazione, cosa indossavi, o anche la tua scelta della colazione. È come un disco rotto che non smette mai di suonare. Quando il critico interiore amplifica le tue paure e insicurezze, ti fa dubitare persino delle cose di cui eri sicuro cinque minuti fa. "La mia presentazione è stata abbastanza buona?" "Le persone mi apprezzano davvero?" Queste domande sembrano ridicole quando espresse chiaramente, ma sotto la scrutinio del critico interiore, diventano mostri spaventosi.

Indulgere in questa negatività fa più danni di quanto spesso ci fermiamo a considerare. Ci porta lungo un percorso in cui i dubbi iniziano a oscurare ogni passo, e, prima che tu te ne accorga, tutto sembra poter crollare. Ad esempio, se critichi sempre il tuo lavoro, trascuri di riconoscere ciò che hai fatto bene, oscurando i successi con la negatività.

"È facile essere duro con te stesso... perché a volte sembra che la sopravvivenza dipenda da questo, come se non rimani vigile, tutto crollerà."

So che quella sensazione di affondamento può seriamente schiacciare la tua autostima. Giorno dopo giorno, il critico interiore abbassa la tua fiducia in te stesso. Quando questa voce continua a sussurrare fallimento e non valore, inizi a mettere in dubbio i tuoi talenti, le tue ambizioni, persino il tuo valore come persona. Non sorprende che molte persone si sentano paralizzate sotto questo peso.

Piccole conquiste sono comunque vittorie. Lasciando che il critico interiore prenda il controllo, minimizzi questi successi, il che spesso porta a una vita meno riuscita o piacevole. Sai, la fiducia in se stessi non è una vittoria da un giorno all'altro; si costruisce con ogni piccolo riconoscimento positivo.

- **Sii consapevole**: A volte fermarti in una spirale di negatività può aiutare a spezzare il ciclo. Mettiti in pausa per un momento ogni volta che quel critico si fa sentire, e chiediti se la voce sta agendo in modo giusto.
- **Sfida le Assunzioni**: Perché assumere che la presentazione sia stata un fallimento? L'idea potrebbe essere più radicata nell'auto-critica che nella realtà.
- **Celebra le Vittorie**: Non aspettare grandi vittorie. Celebra anche quelle piccole perché creano uno scudo contro la negatività implacabile.

Onestamente, praticare regolarmente l'auto-compassione può quasi sembrare rivoluzionario. Superare queste abitudini richiede uno sforzo costante e deliberato. Potrebbe sembrare ridondante, ma trattarti con gentilezza dovrebbe essere una routine. Il tuo critico interiore avrà meno potere se diventi intenzionale riguardo al riconoscimento e alla gentilezza verso te stesso.

Quindi, a te che stai leggendo questo, togliamo i nostri critici interiori 'automatici' e facciamo più spesso "pausa". Non è sempre facile, e certamente non si trasforma in arcobaleni da un giorno all'altro, ma anche piccoli cambiamenti possono iniziare a offuscare quella voce critica. E quei piccoli cambiamenti? Contano molto.

Impatto Emotivo sul Benessere

Affrontiamo il problema dell'eccessivo pensare troppo e di come interferisca con il nostro **benessere emotivo**. Pensare troppo sicuramente ha un costo. Aumentare lo **stress** e l'**ansia** sono generalmente i primi segnali che sei profondamente coinvolto. Ripensa a quando ti preoccupavi costantemente per qualcosa di insignificante, non riuscivi proprio a lasciarlo andare... lo stress, giusto? Mannaggia, sembra che lo stress si insinui in tutto ciò che fai, vero?

E con lo stress, c'è il fastidioso amico: l'ansia. Dubbi sorgono sulle decisioni più piccole, facendoti sentire incerto. Stai peggiorando le cose? Sembra non avere fine. Il **dazio emotivo** diventa più pesante, come aggiungere mattoni a uno zaino.

Prossimo passo, dobbiamo parlare del percorso a cui porta tutto ciò: sentimenti di impotenza e disperazione. Ti suona familiare? Quando sei bloccato in un modello di pensiero eccessivo, a volte ti senti semplicemente "bloccato". Tutto sembra schiacciante, ed è un rapido scivolare nel sentirsi come se non potessi controllare nulla. Non si tratta solo di un lieve sbalzo d'umore... è più profondo. Ti trascina giù, e improvvisamente il mondo sembra pieno di problemi che sembrano impossibili da risolvere. È come se stessi combattendo un nemico invisibile ogni giorno.

"E come ti influenza anche fisicamente, le nostre menti e i nostri corpi sono più collegati di quanto vorremmo ammettere." La preoccupazione crescente porta a tutti i tipi di segni fisici; mal di testa, notti insonni, persino il temuto mal di stomaco persistente. Il corpo, sotto stress frequente, non può fare a meno di manifestare tangibilmente quelle battaglie emotive. Hai mai provato a passare una buona giornata dopo una notte senza sonno? Quasi impossibile.

Ah, e parliamo di quegli ormoni dello stress aumentati. Quando sei costantemente in modalità di pensiero eccessivo, il tuo cervello invia numerosi segnali di stress, aumentando la produzione di cortisolo. Un cortisolo costantemente alto è una brutta notizia per la tua salute; può portare ad alta pressione sanguigna, aumento dell'adipe... Non il genere di cose con cui vuoi viaggiare.

Ecco un pensiero: notare come i sintomi fisici si riprendono: meno ti stressi, meglio ti senti fisicamente. È incredibile quanto velocemente i nostri corpi possano riequilibrarsi quando le nostre menti seguono un percorso più sano e meno frenetico.

Vuoi alcuni consigli immediati da portare a casa? Bene, eccoci qui:

- **Fai respiri profondi:** Semplicissimo, ma può essere estremamente radicante.
- **Esercizio fisico:** Non hai bisogno di un allenamento completo; una passeggiata rapida può aiutare a liberare i pensieri che ti assillano.
- **Scrivilo:** Sgorgare le tue preoccupazioni su carta può chiarire le cose e rallentare il vortice mentale.

"Si tratta di fare progressi, per quanto piccoli possano sembrare; ogni passo conta."

Inoltre, un applauso ai nostri corpi—così resilienti eppure così pronti a avvertirci. Quando il tuo cervello è sovraccarico, ascolta. Fai attenzione a quei segnali di stress. Stanno sventolando bandiere, cercando di attirare la nostra attenzione per un buon motivo. La mente zoppica e poi il corpo inciampa, come domino pronti a cadere uno dopo l'altro.

Rendere senso di questi effetti potrebbe non avviare una rivoluzione lavorativa o liberarci da ogni singola preoccupazione... ma è un punto di partenza. Strategie messe in moto poco alla volta, vincono piccole battaglie. Ricostruiamo le nostre giornate più consapevoli, più attenti.

Quindi, accogliamo con favore questa idea: il pensare troppo non serve a nessun padrone e certamente non a noi. Cominciamo a comprendere il suo **dazio emotivo**, il suo invadente raggiungere in come viviamo, sentiamo e (cerchiamo di) prosperiamo. Lentamente, ci avviciniamo a riconoscere quanto impattante, e spezziamo via pezzo dopo pezzo.

Riconoscere i Sintomi

Pensare troppo può insinuarsi in te in modi che potresti non notare nemmeno all'inizio. Se ti sei mai trovato immerso in preoccupazioni e dubbi persistenti, non sei solo. È come se ci fosse questa piccola voce nel profondo della tua mente che non smette mai di parlare. "E se avessi sbagliato? Avrei dovuto farlo diversamente?" I pensieri ossessivi continuano a girare e girare, un po' come una giostra. Consuma la tua energia mentale, facendoti sentire esausto prima ancora di iniziare la giornata. Le preoccupazioni e i dubbi possono logorarti e far sì che ogni decisione sembri monumentale, e credimi, non è divertente.

Ma non è tutto ciò che fa pensare troppo. Incide anche sul sonno. Risolvere ogni possibile angolazione nella tua testa ti tiene semplicemente sveglio - vuoi dormire? Peccato, questi pensieri hanno altri piani. Potresti trovarti a girarti nel letto, la mente semplicemente non si spegne. Più cerchi di dormire, più quei pensieri ritornano a farsi strada. Il disturbo del sonno non riguarda solo l'addormentarsi, ma anche il rimanere addormentato e avere un sonno riposante. Quando non riesci a riposare adeguatamente, incasina tutta la tua giornata. Potresti sentirti appannato e riuscire a malapena a superare il lavoro o la scuola diventa un compito titanico. Il ciclo continua; la mancanza di sonno ti rende più incline a pensare troppo, e più pensi troppo, più complichi ulteriormente il tuo sonno.

Poi c'è la difficoltà nel prendere decisioni. Quando sei intrappolato in un groviglio di eccessivo coinvolgimento, ogni scelta, per quanto piccola, può iniziare a sembrare questione di vita o di morte. Potresti stare nel tuo dispensa, riflettendo su quale cereale mangiare per colazione più a lungo di quanto ci voglia per mangiarlo effettivamente (non ci siamo trovati tutti lì?). Il bilancio tra i pro e i contro può essere paralizzante. Forse pensi di prendere la decisione sbagliata, temi i rimpianti di domani, e ti sembra più sicuro rimanere fermo, senza fare niente.

"I pensatori eccessivi si annodano spesso cercando la decisione perfetta mentre dubitano di ogni scelta che fanno."

Si tratta di restare bloccati in cicli infiniti di "E se?" e "Dovrei?". Diventi spaventato ad agire, a fare progressi. Le ore passano inutilmente, e prima che te ne accorgi, tutta la giornata è passata. La tua produttività ne risente, le relazioni potrebbero iniziare a soffrire, e può sembrare isolante - come se tu fossi l'unico a dover affrontare questa roba quando in realtà, è ben lungi dall'essere vero.

Riconoscere questi sintomi è il primo passo (non lo dico solo per dire). Se ti preoccupi molto, non riesci a dormire bene, fai fatica a prendere decisioni, forse è il momento di affrontare direttamente queste cose. Non devi soffrire in silenzio o pensare di essere unico in questo - ci siamo passati tutti prima o poi.

- *Preoccupazioni e Dubbi Persistenti*
- *Disturbi del Sonno*
- *Difficoltà nel Prendere Decisioni*

Sono passi che ti mostrano dove devono arrivare i cambiamenti. Stai facendo progressi significativi solo notando questi sintomi perché la consapevolezza di sé è il punto di partenza per andare avanti.

Impegnarsi a fermare il pensare eccessivo potrebbe sembrare un compito monumentale in questo momento, ma piccoli cambiamenti possono fare molta strada. Ogni piccolo passo conta.

Rompere il Ciclo

Stanco del tuo cervello che va alla deriva con pensieri negativi? È stancante, vero? Quindi, scopriamo come sfidare quei fastidiosi pensieri negativi che non smettono mai. Quando quella piccola voce nella tua testa ti dice "Non sono abbastanza bravo", è il momento di reagire (anche se solo nella tua testa). Dì a te stesso: "Non è vero". Pensa a tutte le volte in cui hai dimostrato il contrario (sai che hai quelle prove da qualche parte).

Ecco un semplice trucco: ogni volta che noti un pensiero negativo che compare, chiediti: "Direi questo al mio migliore amico?" Se la risposta è "in nessun modo", probabilmente è il momento di essere più indulgente con te stesso. Questo tipo di dialogo interiore aiuta a riconoscere che non ogni pensiero che abbiamo è la verità assoluta.

Poi, c'è la consapevolezza. **Immaginati** qui, in questo momento, senza ripetere quel momento imbarazzante della settimana scorsa o preoccuparti per il grande incontro di domani. La consapevolezza consiste nel rimanere presenti e concentrati su ciò che sta accadendo ora. Invece di vagare in un mare di preoccupazioni (anche se suona piuttosto piacevole, vero?), concentra la tua attenzione sul sole sul viso, sul sapore del caffè o sul respiro che entra ed esce. Quando sei completamente presente, è più difficile per quei pensieri molesti controllare la tua mente. È come concedere alla tua mente una pausa di relax senza nemmeno prenotare una vacanza.

Per attività consapevoli, è utile provare:

- **Respirazione profonda**
- **Meditazione di gentilezza amorevole**
- **Camminata consapevole (sì, proprio camminare ma prestando attenzione all'ambiente circostante)**

Ora, parliamo delle strategie di coping. Quando ti senti sopraffatto, è cruciale avere metodi di coping positivi pronti all'uso. Le strategie positive possono essere impostare piccoli obiettivi realizzabili, scrivere i tuoi pensieri su un diario (mettere su carta quelle fastidiose preoccupazioni può fermarle dal girare nella tua mente), o anche attività fisiche semplici come correre.

A proposito, l'esercizio non è solo benefico per il tuo corpo - è come un balsamo lenitivo per la tua mente (chi lo sapeva?). A volte, il movimento fisico aiuta a interrompere il ciclo del sovrappensiero perché sposta la tua attenzione da ciò che è dentro la tua testa a ciò che sta accadendo con il tuo corpo.

Potresti:

- Andare in palestra
- Fare un corso di yoga
- Unirti a una squadra di calcio locale

Avviso importante sul concetto: Azione positiva + notare i pensieri + essere presente = rompere l'abitudine al sovrappensiero. È una semplice matematica, credimi.

Hai mai provato a scrivere ciò che ti preoccupa? Questo può aiutare a organizzare un po' meglio la tua mente. Una volta che è su carta, il tuo cervello potrebbe smettere di girarci intorno.

"A volte, non importa quanto ti preoccupi per qualcosa, non cambierà l'esito. L'accettazione è fondamentale."

Ogni giorno è un'opportunità per ricominciare da capo. È importante credere nel processo, anche quando sembra di essere su una ruota del criceto. Sì, richiede pratica e costanza - ma non valgono la pena gli sforzi minimi per raggiungere una mente chiara e pacifica?

In sostanza, triage quei pensieri, radicati, e sviluppa strategie per affrontare lo stress. Hai gli strumenti qui - fallo un passo alla volta. E hey, va bene se non succede da un giorno all'altro. Gradualmente, con persistenza (e forse una dose di pazienza), padroneggerai l'arte di rompere il ciclo.

Capitolo 2: Radici della Paura e dell'Ansia

"L'unica cosa di cui dobbiamo avere paura è la paura stessa."

Cosa è la **paura**? E perché si accompagna così strettamente all'**ansia**? Pensa per un momento - quante volte i tuoi pensieri hanno ruotato incontrollabilmente, causando un groviglio nello stomaco o un senso di terrore? Questi sentimenti hanno radici più profonde di quanto tu possa realizzare...

Questo capitolo approfondisce le **origini psicologiche** delle tue paure e ansie. Quanto è affascinante che le nostre menti creino queste risposte? Forse ti sei chiesto perché tendi a pensare troppo, lasciando che la paura cresca ogni secondo. Qui, esploreremo quella connessione.

Poi arrivano le **risposte alla paura**. Perché ti blocchi o senti il battito del cuore nelle orecchie? Di nuovo, le nostre menti in gioco! L'obiettivo non è spaventarti, ma illuminare queste risposte (così non sembrano così... spaventose).

Comprendere questo ti preparerà ad affrontare quelle ansie di base con cui lotti quotidianamente. Prendere il controllo sembra come sciogliere lentamente un nodo da una corda ingarbugliata, vero?

Infine, (e importantissimo) questo capitolo presenta alcune **strategie iniziali per gestire** le tue paure. Immagina di girare le pagine per trovare quei piccoli passi che portano alla calma e alla fiducia...

Già curioso? Continua a leggere! Il percorso su cui ti trovi è incredibilmente illuminante... e qualcosa su di te potrebbe sorprenderti.

Origini Psicologiche

Capire perché proviamo **paura** e **ansia**? Ha inizio molto, molto indietro. Le basi evolutive della paura ci danno alcuni indizi. Immaginate, gli umani primitivi - i nostri antenati - dovevano individuare rapidamente le minacce per sopravvivere. Forse si trattava di predatori in agguato o improvvisi pericoli naturali. I loro cervelli divennero finemente sintonizzati per notare e reagire alle cose spaventose, rapidamente. Questa risposta di combattimento o fuga li aiutò a restare in vita. Le foto di animali ringhianti fanno ancora accelerare i nostri cuori oggi, dimostrando che quel pezzetto di evoluzione è rimasto intatto.

Tenete presente che mentre l'evoluzione ci ha fornito gli strumenti, le cose che causano paura si sono trasformate nel tempo. Di solito non affrontiamo predatori - beh, a meno che tu non consideri le interazioni sociali imbarazzanti come i nuovi tigri dai denti a sciabola.

Questa non è la storia completa. Le radici della paura crescono anche da comportamenti appresi ed esperienze. I bambini imparano la paura allo stesso modo in cui imparano la maggior parte delle cose: osservando gli altri. Se i genitori, gli insegnanti o chiunque altro significativo nella loro vita reagiscono nervosamente a situazioni specifiche, i bambini colgono il segnale. È come copiare emotivamente. Ereditano trincee nella loro mente scavate dalle persone che li hanno cresciuti.

Poi c'è l'esperienza personale. Se accade qualcosa di brutto, o anche solo un po' brutto, può agire come un seme. Nel tempo, più cose vengono collegate a quel ricordo... alla fine, questi piccoli semi si trasformano in cespugli spinosi di paura e ansia. Pensateci in questo modo: chiunque abbia avuto una caduta terrificante potrebbe scoprire che le altezze indeboliscono il suo coraggio da quel momento in poi. (Sinceramente, anche io evito le scale a pioli.)

L'educazione e l'ambiente plasmano un altro strato. Supponiamo che tu sia cresciuto in un ambiente accogliente e positivo - genitori di supporto, atmosfera calma - tendi a sviluppare una certa resilienza allo stress. D'altro canto, un bambino circondato dal caos o dalla trascuratezza vede il mondo come imprevedibile, spesso insicuro, scatenando più paure e ansie.

Anche le condizioni di vita giocano un ruolo. Quartiere sicuro? Meno paure di tutti i giorni. Ambiente instabile? Ciò tiene i sensi all'erta. Accidenti, una volta ho vissuto accanto a una strada nota per i furti di auto - era come un costante 'qualcosa di brutto potrebbe succedere'. I comportamenti appresi seminano, l'ambiente li nutre e voilà, inizia a crescere una bella pianta di ansia.

Ma hey, questo non è voodoo scientifico - possiamo combattere capendo ciò che alimenta la nostra paura e ansia.

"La paura è l'assassina della mente... la piccola morte che porta alla completa distruzione."

Anche se il destino sembra senza fine, capire che queste paure derivano da radici specifiche - siano esse istinti evolutivi in ogni caso. Comprendere l'origine aiuta a mettere in luce le paure irrazionali, dandoci una visione più chiara per affrontarle. La tua infanzia non ti ha sempre dato scelta, ma diventare consapevoli può essere l'inizio di un cambiamento duraturo. Capisci che dietro allo stress lavorativo non c'è sempre un tigre dai denti a sciabola. Aiuta.

Portiamo il passato nel nostro presente e futuro in tanti modi... ma esporre vecchie radici impedisce loro di aggrovigliare tutto il giardino allo stesso modo. Andare avanti diventa più facile. Aspettatevi che questi vecchi schemi resistano al cambiamento almeno, sono stati lì per molto tempo. Con un po' di lavoro, vedrete dei progressi.

È piuttosto semplice. I nostri antenati ci hanno fornito gli strumenti, i nostri comportamenti appresi ci plasmano e la nostra educazione ci definisce. Nulla è fisso nel cemento, però - puoi dare una forma diversa a ciò che la paura significa per te e affrontarla meglio. Quindi, per tirare fuori un ultimo pensiero da questa chiacchierata: **affrontare la paura con la conoscenza funziona davvero.**

Connessione all'eccessiva riflessione

L'eccessiva riflessione... è buffo come ti colga di sorpresa quando stai solo cercando di svolgere la tua giornata. Stai facendo colazione e boom—improvvisamente stai ripercorrendo quella conversazione imbarazzante che hai avuto una settimana fa al lavoro. Ti suona familiare, vero? Questo fa parte del più ampio **ciclo di rimuginio**, dove ripetutamente riproponiamo situazioni nella nostra testa, scavando più a fondo nel caos degli e se e degli avrei dovuto.

Ecco qualcosa che può alimentare il rimuginio—**distorsioni cognitive**. Immagina di indossare occhiali che distorto tutto intorno a te; trasformano un piccolo problema in un problema colossale. Le distorsioni cognitive, come il pensiero in bianco e nero o la personalizzazione, fanno sembrare le cose peggio di quanto siano. Ingannano la tua mente, spingendoti a concentrarti solo sugli aspetti negativi. "Ti è mai sembrato che tutti alla riunione abbiano visto solo il tuo errore?" Probabilmente sono queste distorsioni al lavoro.

L'eccessiva riflessione è strettamente legata all'**ansia**, e non senza motivo. Quando sei bloccato in un ciclo di rimuginio, i livelli di ansia schizzano alle stelle, facendo sembrare ogni problema enorme. È un circolo vizioso. L'ansia alimenta l'eccessiva riflessione, che a sua volta aumenta la tua ansia—intrappolandoti in un loop difficile da rompere. Potresti iniziare a sentirti "Come farò mai a risolvere questo?" o "E se le cose non migliorassero mai?" Ogni pensiero amplifica lo stress, trascinandoti sempre più in preoccupazione.

C'è anche quel desiderio di **perfezionismo** che si aggira dietro a tutto questo. Voler che tutto sia perfetto è esaustivo, vero? Coloro tra noi che pendono verso il perfezionismo sono particolarmente inclini all'eccessiva riflessione. Controlliamo due volte, tre volte, ci stressiamo per dettagli che nessun altro nota. Questo bisogno di controllare tutto intorno a noi deriva principalmente dall'ansia di commettere errori. "Non posso permettermi di sbagliare," urlano le nostre menti... spingendoci a dissezionare ogni piccola cosa che abbiamo mai fatto.

Ma, c'è un colpo di scena. Tentare di controllare ogni aspetto aumenta solo l'ansia. Quando la vita non si allinea alle nostre aspettative, può essere piuttosto difficile. Le nostre menti lottano con domande come, "Ho detto la cosa giusta?" o "Quella decisione è stata la migliore?" Queste derivano dal voler evitare errori e mantenere il controllo—due principali cause dell'eccessiva riflessione.

Ecco la cosa da tenere a mente: l'eccessiva riflessione è davvero solo inerzia al lavoro. Ti tiene nello stesso posto, ripetendo gli stessi pensieri ancora e ancora. Gli sforzi per controllare le circostanze diventano la causa principale del nostro stress. Come qualcuno saggiamente ha detto:

"L'eccessiva riflessione è l'arte di creare problemi che non c'erano nemmeno inizialmente."

Quindi, che sta succedendo qui?

Per coloro intrappolati in questo loop, sii gentile con te stesso. Identifica le tue stesse **distorsioni cognitive**. È come girare un interruttore quando le noti—improvvisamente, le cose potrebbero iniziare a sembrare diverse. Riconosci che sei umano; le sfide sorgono, e passano. La tua fervida ricerca della perfezione? Usala saggiamente. Trasformala da una fonte di ansia a motivazione per azioni che puoi effettivamente controllare.

Ecco alcuni pensieri da tenere sempre presenti:

- Smetti di dissezionare ogni singolo errore.

- Lascia spazio per le imperfezioni.
- Cogli quei pensieri esagerati e smascherarli.

Fare questi aggiustamenti ti farà trovare un po' di quel controllo che desideri disperatamente... senza il peso della perfezione o del rimuginio infinito. I tuoi pensieri più luminosi arrivano, non dalla preoccupazione, ma dalla pace.

Spiegazione delle Risposte alla Paura

Capire la **paura** non è complicato, ma coinvolge molte parti della vita. **Diamo** un'occhiata a come reagiscono i nostri corpi. Avrai sentito parlare di lotta, fuga e paralisi - queste sono i principali modi in cui rispondiamo alla **paura**.

Quando ti trovi di fronte a qualcosa di spaventoso, il tuo corpo pompa **adrenalina**. È come se il tuo sistema di allarme incorporato scattasse. Le persone vogliono o scappare (fuga), prepararsi a combattere (lotta), o semplicemente restare lì, incapaci di muoversi (paralisi). Per lo più non scegli. Il tuo corpo è così veloce nel decidere cosa fare che non hai nemmeno il tempo di pensarci. È tutto una questione di **sopravvivenza**.

E ora, cosa succede nel tuo corpo quando hai paura? Il tuo cuore inizia a battere come un tamburo. Hai notato di sudare o avere mani tremanti? È tutto parte di questo. Alcune persone sentono i muscoli contrarsi. È il momento della preparazione per affrontare il pericolo.

Questo stato costante, vivere come se stessi perennemente per vedere il pericolo, si riflette nelle decisioni che prendi. Non è l'ideale, giusto? Quando hai paura, il pensiero logico può passare in secondo piano. Il corpo è così occupato a prepararsi a combattere, fuggire o restare immobile che prendere grandi decisioni o anche decisioni piccole diventa difficile. Non sei davvero calmo e sereno.

Immagina di cercare di risolvere un problema di matematica mentre un leone ti sta fissando. Difficile, vero? Le decisioni sotto **paura** sono così. La **paura** può annebbiare la mente. **Persino decidere cosa mangiare a pranzo sembra troppo grande quando tutto dentro di te è in allerta massima.** Questo stress non è solo mentale - si riflette nei tuoi muscoli, nel tuo cuore, persino nel modo in cui respiri.

C'è sicuramente un impatto sulle scelte a lungo termine. Potresti evitare i rischi, non perché siano cattivi, ma perché la **paura** ti ha fatto scegliere la strada sicura. Per alcuni, ciò porta a rimpianti per opportunità perse. Hai esitato e ora a volte tutto ciò che puoi fare è chiederti "e se..."

Facciamo un elenco di alcuni segni fisiologici della **paura**:

- Battito cardiaco accelerato
- Palme sudate
- Mani o ginocchia tremanti
- Bocca secca
- Muscoli contratti

Comprendere questi segnali aiuta perché quando li riconosci in te stesso - o anche negli altri - è più facile essere gentili e più compassionevoli. Non sei solo timido o pigro, il tuo corpo ti sta preparando ad affrontare ciò che pensa sia una minaccia enorme.

"La paura può tenerci chiusi in una gabbia o può accendere un fuoco sotto di noi per andare avanti, ogni situazione di bruciare è unica."

Piuttosto identificabile, vero? Che tu stia fermo, scappando o preparandoti per una battaglia conflittuale, i nostri corpi trattano le sfide quotidiane come se fossero epiche. Tutto viene colorato da quanto siamo spaventati dentro.

La prossima volta che noti il cuore che batte forte o le mani sudate, metti in pausa per un secondo. È solo il sistema di **paura** del tuo corpo, che si sta preparando per l'azione, anche quando non ne hai bisogno. Sapere questo può abbassare un po' il volume della **paura**, aiutando a prendere decisioni migliori nei momenti difficili - decisioni che altrimenti sembrano impossibili.

Tieni sotto controllo queste reazioni; finirai per vivere una vita più calma, meno reattiva e meno guidata da **paure** nascoste.

Affrontare le ansie principali

Quindi, conosci quella sensazione di fastidio che divora il tuo pensiero? Quella che sembra essere sempre in agguato, pronta a comparire nel momento in cui tutto si calma? Sì, andiamo a fondo a questo.

Identificare le cause radici è come fare l'investigatore. Cosa ha innescato questa spirale di preoccupazione in primo luogo? Forse è stato qualcosa della tua infanzia o forse un particolare evento sul lavoro. È stato un commento che qualcuno ha fatto sulle tue capacità o forse un senso di terrore fugace che non è mai scomparso del tutto? Individuare queste origini non è necessariamente facile, ma è cruciale. A volte, dare un nome a ciò che stai provando aiuta a far sembrare la paura un po' meno mostruosa. Come, quando sai a cosa stai faccia a faccia, diventa leggermente meno intimidatorio, non credi?

Un'altra parte fondamentale di questo puzzle è differenziare tra paure razionali e irrazionali. Immagina di camminare nel bosco e sentire un fruscio: dovresti avere paura di un orso, o è probabilmente solo uno scoiattolo? Le paure razionali hanno una base nella realtà. Le paure irrazionali, però, spesso attecchiscono in scenari del tipo "e se" che non si verificano mai realmente. Probabilmente ti sei preoccupato di cose che non sono mai realmente accadute, giusto?

Ecco un modo rapido per distinguere le due:

- **Paure Razionali:** Basate su fatti o esperienze precedenti. ("Ho visto che questo è già successo.")
- **Paure Irrazionali:** Radicate più nell'immaginazione che nella realtà. ("E se succede questo?")

È di grande aiuto chiedersi, "Questa paura mi sta aiutando o danneggiando?" Se si tratta di un vicolo buio di notte, la tua paura potrebbe effettivamente proteggerti. Ma se si tratta di preoccuparsi di una navicella spaziale che cade sulla tua casa, probabilmente non è così utile.

Passando avanti, parliamo un po' della costruzione della resilienza e delle abilità di coping. Pensa alla resilienza come alla capacità di riprendersi dai contrattempi. Tutti affrontano ostacoli, ma è come reagisci che conta davvero. Quindi, come si fa a migliorare in questo?

Una strategia efficace è imparare a riformulare i tuoi pensieri. Invece di pensare, "Perché succede sempre a me?" potresti ribaltare la situazione e chiederti, "Cosa posso imparare da questo?" Può sembrare banale, ma funziona effettivamente abbastanza bene. E abbinare questo con pratiche di mindfulness? Oro puro. La mindfulness può addestrarti a concentrarti sul 'ora', aiutandoti a evitare di precipitare nei 'e se' e nei 'dovrei avere'.

Inoltre, non sottovalutare il potere delle piccole abitudini. L'esercizio fisico, il sonno e la dieta non mantengono solo il tuo corpo sano, ma aiutano anche a mantenere la tua mente in equilibrio. Anche brevi passeggiate o momenti veloci per respirare profondamente possono fare la differenza.

Ecco qualcosa su cui riflettere:

"Non è il carico a farti crollare, ma il modo in cui lo porti."

Affrontare qualcosa di pesante non è il problema; è usare la tecnica sbagliata. Piccoli cambiamenti nel modo di pensare e comportarsi possono davvero alleggerire il carico. Nessuno sta dicendo che devi essere perfetto, ma piccoli passi in avanti possono portare a cambiamenti significativi nel tempo.

In breve, affrontando le radici delle tue paure, distinguendo le minacce reali da quelle immaginarie e rafforzando i tuoi meccanismi di coping, ti stai armeggiando con strumenti per gestire l'ansia in modo più efficace. Non risolverà tutto istantaneamente e ci saranno ancora giorni difficili, ma con queste strategie, troverai anche più giorni positivi.

Strategie iniziali per la gestione

Va bene, quindi passiamo subito a alcune tecniche efficaci che puoi utilizzare per gestire l'ansia e la paura. Queste strategie sono semplici e possono offrire un immediato sollievo.

Le **tecniche di ristrutturazione cognitiva** riguardano principalmente il cogliere quel pensiero negativo, girarlo e guardarlo da un'altra prospettiva. Pensaci in questo modo: quando ti preoccupi per qualcosa, spesso stai immaginando il peggior scenario, vero? Ma e se invece potessi prendere quei pensieri e dire, "Aspetta, è davvero vero?", o "Qual è un altro modo per guardare a questo?"

Prova la prossima volta: Scrivi quel pensiero ansioso, poi mettilo alla prova. Ad esempio, se pensi, "Farò un pasticcio al lavoro," chiediti, "Ho delle prove?" "Qual è più realistico?" Spesso scoprirai che le tue paure riguardano più il sentimento che i fatti.

Gli **esercizi di grounding** sono un'altra utile risorsa, specialmente se hai bisogno di un rapido sollievo dal panico immediato. Il metodo 5-4-3-2-1 è piuttosto popolare e semplice.

Ecco come funziona:

- **5:** Riconosci cinque cose che vedi intorno a te.
- **4:** Tocca quattro cose.

- **3:** Identifica tre suoni che senti.
- **2:** Riconosci due odori.
- **1:** Nota una cosa che assaggi.

Fare questo ti porta fuori dalla tua testa e nel momento presente, spostando la tua attenzione su ciò che è reale e immediato. È sorprendentemente rilassante.

Anche **stabilire confini e strategie di auto-cura** può fare una grande differenza. Molte persone sottovalutano questo aspetto. Pensa alle volte in cui ti senti sopraffatto... spesso è perché non hai protetto la tua energia o il tuo tempo. Stabilire confini significa che è ok dire "No" quando è necessario. Se ti stai sovraimpegnando, chiediti il perché. Forse è la pressione sociale o la paura di perdere qualcosa. Ma imparare a dare priorità a ciò che conta veramente può portare a un senso di controllo.

Anche la cura di sé non deve essere elaborata. Passaggi basilari come dormire a sufficienza, mangiare bene e avere un po' di tempo libero contano. Ad esempio, chiediti: "Quando è stata l'ultima volta che ho fatto una vera pausa?" È facile lasciarsi prendere da compiti senza fine senza fermarsi. Fai in modo di dedicare del tempo a ciò che ti rilassa, che si tratti di leggere un buon libro, fare una passeggiata o semplicemente respirare profondamente.

Stabilire confini e prendersi cura di sé si riduce veramente a rispettarsi. Pensaci — è come dice questa citazione:

"Devi prenderti cura di te stesso prima di poter prenderti cura degli altri."

Quando il tuo bicchiere è pieno, sei più efficace in tutto il resto. Quindi, non pensare che sia egoista; è essenziale.

Utilizza queste basi per darti una spinta nella gestione della paura e dell'ansia. Certo, non c'è una soluzione universale, ma questi punti di partenza possono essere incredibilmente pratici. Sono qui per ricordarti che gestire l'ansia non deve essere spaventoso. Siamo tutti capaci di compiere piccoli ma significativi passi che fanno la differenza. Quindi, perché non iniziare adesso?

Ecco un rapido riassunto con questi punti:

- Metti in discussione i pensieri negativi
- Usa gli esercizi di grounding
- Stabilisci confini fermi
- Pratica l'auto-cura

Vai piano, sii paziente e non essere troppo duro con te stesso. Ogni piccolo passo conta.

Capitolo 3: Ferite Emotive e il Loro Impatto

"Che ferita è mai guarita se non a gradi?"

Parliamo di qualcosa che tutti abbiamo provato prima—**ferite emotive**. Pensa a quei momenti in cui parole gentili o commenti duri sono rimasti nella tua mente a lungo dopo essere stati pronunciati. Le **cicatrici emotive** plasmano chi siamo e influenzano i nostri pensieri quotidiani. Perché una semplice osservazione fa più male in certi giorni? Non sei solo a chiedertelo.

Ti sei mai sentito bloccato in una spirale negativa? Come se un brutto pensiero portasse a un altro, e tutto sembrasse schiacciante? Questo capitolo è per te. Le nostre ferite passate giocano un ruolo subdolo nel nostro atteggiamento attuale. Riconoscere questi schemi è il primo (e super importante) passo verso la **guarigione**.

Esamineremo come possiamo iniziare a identificare le **cicatrici emotive** e comprendere l'**impatto** che hanno. Qui ogni piccolo passo conta—anche i passi da neonato. Una volta che iniziamo a vedere questo, la ripresa non sembra così impossibile. (Anch'io l'ho vissuto.)

Alla fine del capitolo, ti sentirai un po' più leggero, con modi pratici per guarire e crescere. Quindi, analizziamo e iniziamo questa importante discussione nelle... pagine successive. Pronto a trovare delle risposte? Andiamo!

Identificare le Cicatrici Emotive

Riconoscere il dolore del passato può essere complicato. Le vecchie ferite potrebbero non gridare per attirare l'attenzione, ma spesso persistono sotto la superficie. Queste cicatrici possono emergere quando meno te lo aspetti, rendendo la vita più difficile di quanto dovrebbe essere veramente. Hai mai avvertito quel improvviso pizzicore quando qualcuno dice qualcosa che colpisce troppo da vicino? Sì, è il tuo passato che ti sta sorprendendo.

Scatenanti giocano un ruolo importante qui. Qualcosa di piccolo, forse apparentemente insignificante—una vecchia canzone, un odore particolare, o solo un commento casuale—può trascinarti indietro a un momento doloroso. È come se qualcuno stesse pizzicando un livido che non sapevi di avere ancora. Comprendere i tuoi scatenanti è fondamentale. Se sai cosa ti fa reagire, sei già avanti nel gioco. A volte non conosci queste cose finché non ti trovi nel bel mezzo, sentendoti molto più agitato di quanto la situazione richiederebbe normalmente... poi ti rendi conto: si tratta di qualcos'altro, qualcosa di un altro tempo o luogo.

Conoscere i trigger aiuta anche a valutare come queste **cicatrici emotive** interferiscono nella tua vita quotidiana. Pensa—quante volte hai reagito in modo eccessivo a qualcosa che non avrebbe dovuto essere un grosso problema? O forse hai reagito poco, perché, beh, anestetizzarti è più facile. Sono queste cicatrici invisibili che lavorano, dettando le tue risposte, di solito senza che te ne accorga nemmeno.

Trovo che sia davvero utile parlare delle cose, anche se è solo con te stesso. Siediti, prendi un caffè (o un tè, se è più il tuo stile), e rifletti su cosa ti turba davvero. Appuntalo se ti aiuta... fai una lista di quei fastidiosi piccoli trigger. Forse è quell'ex che compare sempre nelle conversazioni, o quel vecchio capo che non ha mai apprezzato i tuoi sforzi. Qualunque cosa sia, portarla alla luce la trasforma da un capriccio subconscio a qualcosa con cui puoi confrontarti.

Pensa a alcune aree principali della vita:

- **Relazioni Personali**: Stai trarre conclusioni affrettate, forse leggendo troppo tra le righe delle parole o azioni altrui?

- **Lavoro**: Perdi opportunità perché dubiti di te stesso o temi le critiche?
- **Benessere Generale**: Sei emotivamente esausto, magari evitando nuove situazioni solo per stare al sicuro?

Ecco qualcosa su cui riflettere:

"Ogni volta che incontri uno scatenante emotivo, ti viene data l'opportunità di capire e lavorare su un pezzo del tuo passato."

Questo mi ha davvero colpito. Ogni volta che affronti quel trigger e ci rifletti, gli togli potere, pezzo per pezzo.

Riconoscere queste cicatrici non ti rende debole. Anzi, ti dà effettivamente il controllo. È come accendere una luce in una stanza buia—certo, vedi tutto il disordine, ma almeno puoi iniziare a mettere in ordine.

La vita non dovrebbe essere governata da forze invisibili del passato. Più identifichi e comprendi queste cicatrici emotive, meno emergono inaspettatamente per rovinarti la giornata. Inizia piano, sii paziente con te stesso. Tutti hanno del bagaglio; è come lo gestisci che fa la differenza.

Come i Precedenti Dolori Plasmano i Pensieri Attuali.

È incredibile quanto il nostro passato possa influenzare le nostre menti oggi. Pensa un po'... una vecchia ferita, forse dall'infanzia o da una rottura difficile, improvvisamente riappare quando sei stressato per il lavoro o ti senti insicuro in una nuova relazione. È quasi come se questi dolori passati bussassero alla porta, non invitati, esigendo attenzione.

Uno dei modi principali in cui ciò accade è attraverso schemi di pensiero negativi ricorrenti. Hai mai notato come tu possa essere il tuo peggior critico? Probabilmente è collegato a quelle esperienze precedenti. Forse ti sei sentito non abbastanza bravo da bambino, quindi, da adulto, gli stessi pensieri riemergono ogni volta che affronti una sfida.

Ecco alcuni pensieri negativi comuni scatenati da traumi passati:

- "Fallisco sempre."
- "Le persone non possono essere fidate."
- "Non merito la felicità."

Questi pensieri non arrivano dal nulla. Hanno radici... radici profonde che derivano da cose di cui probabilmente non hai nemmeno più pensato da tempo. Ma quelle esperienze ti stanno ancora influenzando.

Un'altra cosa da considerare è come questi eventi passati creano paure e ansie attuali. Ad esempio, se sei stato vittima di bullismo a scuola, potrebbe rendere complicate le interazioni sociali anche oggi. Problemi di fiducia? Potrebbero derivare da un tradimento da cui non ti sei mai ripreso davvero. Se nessuno ti ha mai detto che ti amava o che eri speciale, potrebbe lasciare un segno, facendoti sempre interrogare sulla tua dignità d'amore (suggerimento: lo sei).

Ma veniamo al nocciolo della questione—perché succede tutto ciò? Il trauma in qualche modo imposta un programma nei nostri cervelli, facendoci vedere minacce simili ovunque. Quando qualcuno pensa di trovarsi di nuovo in quella situazione difficile, entra in gioco la paura.

"La mente riproduce ciò che il cuore non può cancellare,"

Questo ci porta a una grande consapevolezza: il compito del tuo cervello è proteggerti. Mantenerti al sicuro. E parte di quel meccanismo protettivo è ricordarti dove ti sei fatto male in passato in modo che tu possa evitarlo che accada di nuovo. È come avere un GPS dal passato, ma anziché guidarti, a volte ti imprigiona solo in loop.

Ti ritrovi bloccato in vecchie paure—paura di fallire, di essere respinto, o di farti male di nuovo. Queste paure potrebbero impedirti di fare le cose che desideri perché il tuo cervello è bloccato sulla modalità 'e se?'. Continua a lanciarti avvertimenti, sperando di mantenerti al sicuro... ma, questi pensieri possono seriamente interferire con il tuo presente—e il tuo futuro.

Fai un passo indietro. La prossima volta che ti compare un pensiero negativo, metti in pausa per un attimo e chiediti, "Questo riguarda ciò che sta accadendo ora, o è qualcosa di vecchio che riemerge?" Molto probabilmente, inizierai a individuare il modello. Una volta che riesci a vedere quel legame tra esperienze passate e paure attuali, sei a metà strada per spezzare il ciclo.

Quando sei stato così a lungo legato a vecchie credenze e dolori, la chiarezza non arriva facilmente. Ma ogni intuizione è un passo verso lo sciogliere quei legami. Sì, togliere quei layer potrebbe fare un po' male, ma ne vale la pena per la libertà dall'altro lato. Rimanete curiosi e gentili con voi stessi—notate quei modelli senza giudizio.

Lo status quo potrebbe sussurrare, "È solo così che vanno le cose," ma siamo realisti... non deve essere così. Hai il potere di cambiare i tuoi pensieri e di sentirti diversamente andando avanti. E, credimi, ne vale la pena.

Modelli di Spirali Negative

Immagina di svegliarti e la prima cosa che ti viene in mente è un errore che hai commesso giorni fa. Riconoscere quando non siamo in grado di lasciar andare questi pensieri può essere la chiave per fermarli. Uno dei segni principali è il **pensiero catastrofico**. Ti sei mai trovato a pensare, "Oh no, se succedesse, cos'altro potrebbe andare storto?" È un indizio. Un piccolo pensiero negativo si trasforma rapidamente in qualcosa di molto più grande, completamente sproporzionato alla realtà.

Questi pensieri non rimangono isolati. Hanno un modo di collegarsi, vero? Uno porta all'altro e all'altro, creando un effetto domino. Potresti pensare a un colloquio di lavoro fallito che poi si trasforma in contemplare una vita intera di fallimenti professionali. Diventa una catena implacabile, ogni anello aggiungendo peso.

Ecco un'altra cosa: queste spirali negative non fanno alcun favore all'autostima. Inizi a dubitare di te stesso. Pensa a quanto si insinui l'autostima. Una volta che lasci scappare un "Perché ho fatto quello?" ti metti in discussione un'altra azione, e boom, sei bloccato in un ciclo. È come essere intrappolati nella sabbia mossa: più ti agiti contro questi pensieri, più ti trascinano in profondità.

Puoi notare come questo ciclo prenda slancio. Inizia con un pensiero del tipo, "Ho sbagliato." Poi rapidamente, "Sbaglio sempre." Questo si trasforma così facilmente in, "Non sono bravo in niente." Prima di molto tempo, "Riuscirò mai a migliorare?" È questa sequenza che influisce su come ci vediamo e danneggia la nostra autostima.

- Questi pensieri negativi possono portare a credere che ogni errore sia un fallimento catastrofico.
- I modelli di pensiero possono essere individuati, notati quando si verificano risultati negativi costanti.

"Il nostro stato mentale plasma il mondo in cui viviamo."

Ogni giorno, le nostre interazioni sono colorate da questi pensieri, e non sorprende quanto dannoso possa essere. Il dubbio di sé e la "bassa autostima" non sono solo parole di moda; sono realtà tangibili. Il ciclo rende più difficile riprendersi dagli ostacoli perché ogni ostacolo sembra un'altra prova che fallirai di nuovo. Minano la tua fiducia e ti fanno dubitare persino delle tue capacità più semplici.

Modelli come questi sono più radicati di quanto si possa pensare. Si ripetono fino a quando non cominciamo a notarli. A volte si tratta di intercettare un pensiero in corso e mettere in discussione la sua verità. Altre volte, si tratta di svelare la sequenza più ampia in gioco.

Prendere decisioni coraggiose inizia con piccoli passi. Riconosci un pensiero per ciò che è: un evento singolo, isolato, non una rappresentazione della tua intera esistenza. Liberartene significa vederlo per ciò che è, un'idea fugace, non un fatto solido.

Comunica di più con te stesso. Presta attenzione a questi modelli senza giudizi severi. Si tratta di fare una pausa per un solo istante e osservare. Questi pensieri e dubbi si insinuano nelle decisioni, nelle relazioni e nel benessere generale, formando una catena che ti avvolge. Lo sbrogliare inizia quando i modelli vengono riconosciuti, scomponendoli passo dopo passo.

Catturando i segnali precoci e impedendo che cada il primo domino, puoi trovare uno spazio mentale più chiaro e valutazioni più realistiche delle situazioni. Non deve essere perfetto; ciò che conta è iniziare. Basta un istante di attenzione per fare una differenza enorme.

La Guarigione Inizia con il Riconoscimento

Va bene, entriamoci dentro. **Le ferite emotive** sono reali. Sembra semplice, ma non è spesso la parte più difficile? Abbiamo la tendenza a scaricare quelle vecchie ferite, vero? A volte le neghiamo, spingendole in profondità come se non fossero mai accadute. Ma indovina un po'? Sono accadute, e contano. Quelle esperienze hanno avuto un ruolo nel plasmare chi sei oggi.

Allora, perché ci nascondiamo da questi dolori passati? Forse è più facile tenerli sepolti. O forse pensiamo che ammetterli ci renda deboli. Mettiamo le cose in chiaro - è l'*opposto*. Ammettere quelle ferite richiede coraggio. Sii onesto riguardo al loro **impatto**. A volte queste ferite emotive si manifestano in modi inaspettati... relazioni tese, auto-dubbio, o un costante flusso di pensieri negativi. Ed è ok (tipo, davvero ok) ammettere che i tuoi dolori passati hanno lasciato cicatrici.

Una cosa innegabile è il passo avanti: **accettazione**. Sì, hai sentito bene. Essere onesti con te stesso è l'inizio della guarigione; è il cenno mentale che dice, "Ok, questo mi ha ferito." Prima di medicare una ferita, devi vederla chiaramente e distintamente. Per molti, ammettere che c'è un problema si sente come staccare un cerotto - doloroso ma necessario.

Le ferite emotive non sono sempre visibili, il che può renderle difficili da gestire. Pensaci in questo modo: le ferite fisiche hanno bisogno di trattamento per guarire, giusto? È lo stesso con quelle emotive. Ignorarle non aiuta.

Permettimi di condividere un pensiero:

"La negazione ritarda solo la guarigione, mentre il riconoscimento porta chiarezza e direzione."

Notare queste ferite coinvolge riflettere (non rimuginare - c'è differenza). Parla con te stesso, qualcosa del genere, "Sì, questo è successo, e mi ha influenzato in *abc* modi." Ricorda solo che quei pensieri ti visitano di tanto in tanto; non devi intrattenerli per sempre.

E aggiungiamo un po' di gentilezza verso te stesso qui. Sii gentile con te stesso, come faresti con un amico che si confida con te. Niente di "Perché non sono riuscito a andare avanti più velocemente?" - solo pura gentilezza. Perché hey, tutti abbiamo i nostri momenti, giusto?

Ecco una verifica della realtà!

- **L'onestà riguardo ai sentimenti** sblocca la crescita.

- **Accettare il dolore** fa parte del procedere avanti.
- È assolutamente ok ammettere che stai soffrendo.

Passaggi chiave per riconoscere

- Prenditi un momento. Rifletti sul tuo passato senza giudizio.
- Sii sincero su cosa provi e come ti senti. Anche se è negativo.
- Permetti a quelle emozioni di emergere. Non c'è vergogna nel provarle.

Pensa di diffondere questa riflessione per una settimana o due, qualsiasi cosa ti faccia sentire a tuo agio. Non c'è bisogno di affrettarsi.

Infine, ricordati sempre - la persona che trae il maggior beneficio dall'essere onesta riguardo a queste ferite sei tu. È meglio affrontare la realtà e poi gestirla passo dopo passo, piuttosto che fingere che tutto vada bene quando non è così.

Quell'accettazione? È il tuo biglietto d'oro per una guarigione autentica. Bene, fai quel piccolo passo verso la guarigione, te lo meriti.

Piccoli passi verso il recupero

Il recupero non è immediato: coinvolge una serie di passi semplici ma significativi. **Stabilire una routine quotidiana positiva** può metterti sulla giusta strada. Inizia le tue mattine con qualcosa che ti solleva, come una breve passeggiata, una canzone preferita, o semplicemente sedendoti in silenzio con una tazza di tè. Non è sorprendente come piccole azioni come queste possano plasmare l'intera giornata? È come impostare il tono in modo sottile e delicato. Non sottovalutare mai il potere di questi piccoli rituali.

Man mano che i giorni passano, un'altra cosa cruciale è stabilire obiettivi realizzabili—per il tuo benessere emotivo. Pensa a dare a te stesso una mappa da seguire, ma ricorda di essere gentile con te stesso lungo il cammino. Può essere qualcosa di semplice come dedicare alcuni minuti ogni giorno a riflettere sui tuoi sentimenti, scrivere di alti e bassi della giornata nel tuo diario, o anche semplicemente parlare con qualcuno di cui ti fidi dei tuoi problemi. Non sono enormi montagne da scalare, solo piccole colline che diventano più facili giorno dopo giorno. **Ti sorprenderai** di quanto progresso si possa fare con sforzi costanti e minori.

Poi c'è la pratica della gratitudine e delle affermazioni positive. Probabilmente l'hai sentito dire cento volte, ma hai provato a tenere un diario della gratitudine? Ogni giorno annota un paio di cose— cose semplici e dirette—per cui sei grato. Potrebbe essere qualcosa di piccolo, come avere un pomeriggio tutto per te, o qualcosa di più significativo, come trovare un lavoro o riallacciare un'amicizia. Continua per alcune settimane e osserva l'impatto che ha. Come ha saggiamente detto qualcuno:

"Più pratichi la gratitudine, più cose troverai per cui essere grato."

Sembra un po' magico, vero?

E non solo scrivere le cose, ma **parlare positivamente** a te stesso può fare una grande differenza. Ogni mattina, piantati di fronte allo specchio e di' qualcosa di gentile. Potrebbe sembrarti sciocco all'inizio, ma col tempo, ti aiuta a cambiare il tuo modo di pensare. "Merito amore." "Sono capace." "Oggi, mi concedo il permesso di muovermi lentamente e con calma." Non sono solo parole vuote— sono piccoli semi che pianti nella tua mente e che crescono più forti ogni giorno.

Combinare tutti questi passi non significa rivoluzionare la tua vita da un giorno all'altro. Si tratta di intrecciare piccoli momenti di gentilezza e intenzione nella tua esistenza quotidiana. Presto, questi piccoli passi iniziano ad accumularsi in qualcosa di più grande...di più resistente. **Il progresso richiede tempo**, ma con pazienza, una routine positiva e affermazioni quotidiane, ti ritroverai molto più avanti rispetto a dove hai iniziato.

Gli obiettivi di salute emotiva aiutano a trasformare l'intangibile in passi tangibili. Stai dando ai tuoi sentimenti un luogo dove posarsi, rendendoli più gestibili e meno travolgenti. Costruire una **routine quotidiana positiva**, stabilire obiettivi realistici e praticare gratitudine e affermazioni può fare una differenza tangibile su come ti senti. Prendilo giorno per giorno e concediti un po' di indulgenza. Sei sulla strada per il recupero, un piccolo passo alla volta.

Parte 2: Prepararsi al Cambiamento

Capitolo 4: Costruire Consapevolezza e Auto-Comprensione

"Il vero viaggio alla scoperta non consiste nel cercare nuovi paesaggi, ma nell'avere nuovi occhi."

Benvenuto a un nuovo capitolo dedicato alla costruzione di **auto-consapevolezza** e **auto-comprensione**. È come avere una torcia per illuminare quegli angoli della tua mente che a volte diventano un po' più scuri. Immagina di sapere esattamente perché pensi come pensi e di trovare gli strumenti per cambiare ciò che ti trattiene: questo è ciò a cui mira questo capitolo.

Catturiamo subito la tua attenzione: ti sei mai chiesto perché alcuni vecchi schemi di pensiero sembrano così ostinati, come gomma da masticare su una scarpa? Comprendendoli, apri porte a relazioni migliori, a una carriera migliore e a un te migliore.

Inizieremo con tecniche di auto-consapevolezza, guidandoti a riconoscere quei cattivi abitudini di pensiero. Otterrai anche una presa sui concetti base della Terapia Cognitivo-Comportamentale (TCC) - non preoccuparti, è più semplice di quanto sembri ma estremamente potente. Non lottiamo tutti con il fissare obiettivi che sembrano più sogni che realtà? Stabilire obiettivi realistici può portare a progressi genuini e ti mostreremo come farlo.

Se ti sei sentito un po' bloccato (ci siamo passati tutti), questo capitolo potrebbe essere il tuo punto di svolta. Continua a leggere, scopri come sintonizzarti con il tuo io interiore e prendi strumenti pratici di auto-riflessione lungo il percorso... pronto a sbloccare un te più chiaro e consapevole!

Tecniche di consapevolezza di sé

Comprendersi inizia ponendosi **domande profonde**. Tutti noi abbiamo convinzioni che plasmano i nostri pensieri e... molte volte, sono nascoste. Ad esempio, diciamo che rimandi sempre di parlare nelle riunioni di lavoro. Ti sei chiesto il motivo? Spesso, questa esitazione deriva da una paura di sbagliare o essere giudicato. Prova a sederti da solo, in uno spazio tranquillo, e pensa, "Perché mi sento nervoso riguardo a questo?"

Poi, annota ogni singolo motivo che ti viene in mente. Presto, potresti notare un modello. Cose come, "Ho paura che la gente pensi che sono stupido," o, "E se non lo faccio bene?" Queste convinzioni nascoste sono i colpevoli dietro il tuo sovrappensiero.

Un altro strumento potente coinvolge controllare come ti senti fisicamente. Può sembrare strano scriverlo, ma i nostri corpi ci inviano segnali sulle nostre emozioni. Hai provato a prestare attenzione quando le spalle si irrigidiscono o lo stomaco si agita? Questi sono il modo del tuo corpo di dirti che qualcosa non va. Una volta, durante un progetto stressante, ho notato che serravo sempre la mascella. Non è stato fino a quando mi sono fermato e mi sono chiesto, "Cosa sta succedendo qui?" che ho realizzato di essere preoccupato per rispettare la scadenza. La prossima volta che senti qualcosa fisicamente, non ignorarlo - chiediti cosa sta cercando di dirti.

Anche i trigger giocano un ruolo importante. Possono essere specifici per una persona, una situazione, o persino un luogo. Può fare tutta la differenza identificare cosa ti fa finire nel sovrappensiero. Forse inizi a fissarti su certe cose ogni volta che si avvicina una scadenza o dopo aver incontrato una persona specifica. Annota quelle situazioni, e col tempo, inizierai a riconoscere i modelli.

In realtà individuare questi trigger non è complicato come sembra; inizia con la buona vecchia osservazione. Andiamo passo dopo passo per gestirlo:

- **Riconosci il Trigger**

  Quando noti pensieri negativi che si insinuano, metti in pausa. Identifica cosa è successo. È stato un commento specifico? Un evento imminente? Indaga, sii curioso.

- **Rifletti sull'Emozione**

  Guarda dentro di te e capisci l'emozione specifica che stai provando. È rabbia, paura, tristezza, o forse una miscela di più?

- **Sfida la Convinzione**

  Chiediti, "Questo pensiero è razionale?" Se il trigger è qualcuno che fa una critica, rifletti... le altre critiche hanno avuto impatti negativi duraturi? Spesso, scoprirai che questi pensieri sono paure esagerate - resti di esperienze passate che non hanno più valore.

"La maggior parte dei problemi, emotivi o altro, può essere divisa in due categorie - quelli a breve termine e quelli a lungo termine."

- **Agisci o Riformula il Pensiero**

  Una volta analizzato, decidi cosa puoi fare. Il trigger può essere rimosso o evitato? Se no, come puoi pensare in modo diverso al riguardo? Riformulare significa vedere anche l'altro lato. Forse quella critica al lavoro è un'opportunità di crescita anziché un attacco.

- **Pratica e Pazienza**

Questo non risolverà immediatamente il problema. Credimi, se lo facesse, questo libro sarebbe lungo una sola pagina. Ma col tempo, puoi passare da reagire a comprendere e, alla fine, regolare quei brutti trigger.

Essere consapevoli è un inizio che dà potere, ma per unire tutto, il nostro viaggio verso l'autoscoperta e la consapevolezza richiede uno sforzo continuo. I tuoi pensieri non sono te - sono solo pensieri. Impara a starci insieme, scopri la loro fonte, e inizierai a notare il cambiamento.

Bene, allora, mettiamoci in modalità riflessiva. Prendi queste tecniche, comincia piano, e vedrai la differenza che fa.

Riconoscere i Modelli di Pensiero

Tutti hanno quei momenti in cui certi temi continuano a balenare nella loro testa... vero? Questi temi possono essere rivelatori. Per cominciare, prova a **notare i temi ricorrenti nei tuoi pensieri**. Forse è quella preoccupazione costante per un evento passato, o forse non riesci a scrollarti di dosso la sensazione di non essere abbastanza bravo. Questi argomenti ricorrenti ti danno indizi su cosa sta occupando il tuo spazio mentale.

Interessantemente, quando differenzi tra pensieri utili e dannosi, puoi iniziare a setacciare il caos mentale. I pensieri utili ti danno potere e motivazione—sai, come ricordarti di apprezzare i tuoi sforzi. Dall'altra parte, i pensieri dannosi tendono ad essere negativi e critici, trascinandoti giù. Immagina un loop nella tua mente che dice cose come: "Non sono capace" o "Faccio sempre pasticci." È cruciale determinare quali pensieri stanno contribuendo alla tua crescita e quali ti stanno solo trascinando verso il basso.

Monitorare i modelli di pensiero può essere uno strumento potente per gestire questi abitudini mentali. Tieni un piccolo diario, annotando cosa ti passa per la mente durante i momenti liberi o dopo certi stimoli. Non come un compito, ma più come una chiacchierata amichevole con te stesso. Queste note possono essere illuminanti.

Ecco alcuni passaggi per rendere questo processo efficace:

- **Sii semplice**

  Scrivi ciò che ti passa per la mente senza giudicarlo. Pensa di parlare con un amico. Limitati a elencare i tuoi pensieri ogni volta che trovi un momento tranquillo.

- **Individua i temi comuni**

  Dopo una settimana circa, rileggi le tue note. Noti dei modelli? Ci sono preoccupazioni o pensieri che tornano più spesso?

"Una ragione per cui creare consapevolezza dei tuoi pensieri è vitale è che ti permette di cambiare la tua storia."

- **Classificali**

  Poi, usa due evidenziatori o penne diverse. Assegna un colore ai pensieri utili e un altro ai dannosi. Noterai rapidamente quale tipo è più prevalente nel tuo pensiero quotidiano.

- **Affronta quelli dannosi**

  Quando individui quei pensieri dannosi, non ignorarli. Chiediti: "Perché sto pensando in questo modo?" Comprendere il 'perché' può aiutarti a trovare una soluzione pratica. Questi pensieri sono veramente basati su fatti, o sono paure esagerate?

- **Sostituisci e riformula**

Cambia marcia sostituendo i pensieri dannosi con quelli utili. Invece di dire, "Faccio sempre pasticci," prova con, "Ho fatto un errore, ma posso imparare da questo." Potrebbe sembrare strano o persino forzato all'inizio, ma si tratta di creare nuove abitudini mentali.

Implementare questi passaggi può davvero cambiare il modo in cui vedi e gestisci i tuoi processi di pensiero. Sì, avrai bisogno di un po' di perseveranza, ma ne varrà totalmente la pena.

Per esempio, se pensi spesso, "Non sono bravo in niente," mettilo alla prova elencando le cose in cui sei effettivamente bravo—grandi o piccole. Modifichiamo gli script dannosi che la tua mente continua a riprodurre.

Sottolinea le idee audaci e prendi nota dei punti di svolta. Tieni presente che i pensieri dannosi spunteranno di tanto in tanto; la mente di ognuno si impegna in quella che alcuni chiamano "chiacchiericcio mentale." Ma essere consapevoli significa che puoi gestire questi pensieri anziché lasciarli gestire te.

Scoprire quei modelli, archiviare le tue registrazioni mentali... riguarda molto di più che solo scriverle; stai guidando il tuo benessere mentale presente e futuro.

Concetti di Terapia Cognitivo-Comportamentale (TCC)

Comprendere come i nostri **pensieri, emozioni** e **comportamenti** sono collegati può essere un vero game-changer. Si pensa che siano tutti separati, ma spesso le tue **oscillazioni d'umore**, il modo in cui agisci e quelle fastidiose credenze negative ruotano attorno agli stessi problemi centrali. Questo loop costante può bloccarti. Quando inizi a riconoscere che i tuoi pensieri e sentimenti vanno direttamente alle tue azioni, diventa più facile prendere il controllo delle tue risposte.

Analizziamo questo concetto con un esempio concreto:

Ti sbatti il dito del piede contro una sedia. **Il pensiero immediato** potrebbe essere: "Proprio la mia fortuna, tutto va sempre storto." Senti un pizzico nel tuo umore—frustrato, forse anche arrabbiato. Questo sentimento poi ti spinge in una serie di azioni; potresti dare un calcio alla sedia, mormorare alcune parole poco gentili o rimanere seduto a bocca asciutta per un po'. Vedi come un singolo pensiero ha trascinato i tuoi sentimenti e azioni in una direzione specifica?

E se iniziassi a cambiare il modo in cui pensi? "Sbattere il dito del piede—fastidioso ma non è la fine del mondo." Imposta un tono completamente diverso. Forse storceresti il naso e rideresti.

- **Riconoscere il Pensiero Negativo.** Fai attenzione ogni volta che ti compare un pensiero negativo in testa. Ti senti giù dopo un errore? Hai notato che il cielo non è blu come desideravi? È la negatività che si insinua nei tuoi pensieri.
- **Sfida il Pensiero.** Chiediti se questo pensiero è giusto. È razionale? Hai fatti che lo supportano, o è la tua mente che ti sta ingannando? essere licenziato dal lavoro—sono veramente degno di nulla, o l'azienda ha tagliato il personale per motivi veramente più ampi (qualcosa che riguarda il 90% al di là del tuo controllo)?
- **Riformulare.** Prendi quel pensiero sfidato e trasformalo in qualcosa di più positivo. "Ho sbagliato al lavoro" diventa "Anche i migliori commettono errori—e ognuno è un'occasione per crescere."

Si tratta di individuare quelle credenze irrazionali come "Devo essere perfetto" o "Tutti stanno osservando ogni mio movimento." Molto spesso, questi pensieri si aggirano senza un sostegno concreto. E sai una cosa? Coglili, mettiti di traverso e riformulali.

Ora, smontiamo quel ciclo esigente con un esempio pratico,... impressionante, vero?

Immagina di essere convinto di fallire sempre. Ti sei iscritto a un nuovo corso di danza ma non ti sei nemmeno presentato perché "Perché preoccuparsi, non lo farò bene."

- Inizia elencando le prove da entrambe le parti:
    - Hai combinato pasticci in ogni singola cosa della tua vita? Probabilmente no, ci devono essere dei successi lì.
    - Ci sono state situazioni simili in cui le cose andavano bene?
- Ora affronta il pensiero. Credenze ingiuste rappresentano martelli che abbassano l'autostima.

"I nostri pensieri prendono il sopravvento se lo permettiamo—tenendo salde le redini d'acciaio, proteggendo strenuamente le nostre barriere mentali."

Sfida delle Credenze Irrazionali:

- **Notare la credenza.** Così spesso trascurata, che si muove avanti e indietro nella nostra mente in loop invisibili.
- **Valutazione delle Prove.** Raccogli esempi concreti e controargomenti reali. Le tue precedenti supposizioni hanno davvero condizionato ogni tua mossa?
- **Sostituire l'Irrazionale con la Positività.** Andando oltre "Questo non funzionerà mai" verso un realistico "c'è la possibilità di sbagliare, ma c'è anche molto da imparare".
- Forse scrivere i pensieri su carta (a volte quei disordinati intrecci appaiono più chiari nel testo).
- Pronuncia prompt di preparazione come "È davvero andata così male, o saltare oltre quei 'se' alimentati dall'ansia richiede una riflessione acuta?".

Infine, un pizzico di gentilezza verso te stesso,... quando un duro contrattempo attraversa il tuo sistema in loop, la realtà basilare—ma spesso trascurata: Sei altrettanto capace e meritevole quanto il ragazzo o la ragazza che stanno eseguendo la salsa accanto a te. Mantieni quei pensieri positivi circondati!

Strumenti per l'auto-riflessione

L'auto-riflessione può sembrare intimidatoria, specialmente quando non siamo sicuri su come misurare i nostri progressi. È facile perdersi nella vita di tutti i giorni senza fare il punto sulla nostra crescita. Esaminiamo alcuni strumenti pratici per rendere questo processo più strutturato e illuminante...

Utilizzare criteri obiettivi, come obiettivi specifici e misurabili, è un approccio utile. Pensate a dove eravate sei mesi fa. Forse volevate essere più pazienti. Ora chiedetevi (onestamente, naturalmente), "Mi sono trovato a reagire in modo calmo in situazioni che mi avrebbero fatto arrabbiare prima?" Tenere traccia di tali cambiamenti tangibili vi dà qualcosa di concreto su cui riflettere, aiutando a sostituire sensazioni vaghe con una crescita chiara e misurabile.

Le domande introspettive sono un altro grande alleato. A volte la domanda giusta può aprire porte nella vostra mente che non sapevate esistessero. Ecco alcune da provare:

- Quali azioni mi hanno avvicinato ai miei obiettivi questa settimana?
- Come le mie relazioni hanno influenzato recentemente la mia felicità?
- Quali abitudini mi stanno ostacolando, e perché?

Riflettendo solo pochi minuti su queste domande, è probabile che scopriate schemi e pensieri che non sapevate fossero lì. Questo tipo di interrogazione va oltre la superficie, aiutandovi a scavare più a fondo nel vostro vero io.

Le autovalutazioni regolari possono mantenervi sulla retta via. Riservate del tempo settimanalmente o mensilmente, a seconda di ciò che sembra giusto, per valutare come state procedendo con i vostri obiettivi e le risposte introspective. È utile trattarle come colloqui con voi stessi, un'opportunità per una conversazione onesta.

Passo 1: Definire l'Obiettivo

Definite cosa volete raggiungere in modo specifico. È una migliore relazione con un membro della famiglia? Volete praticare la pazienza durante situazioni ad alto stress? Il vostro obiettivo dovrebbe essere chiaro e specifico.

Passo 2: Stabilire una Base

Notate dove vi trovate attualmente rispetto al vostro obiettivo. Ad esempio, annotate gli episodi che mostrano il vostro comportamento attuale verso il vostro obiettivo - per avere una visione sincera.

Passo 3: Intenzioni Settimanali

Per ogni settimana, stabilite obiettivi minori raggiungibili che contribuiscano al vostro obiettivo principale. Volete pazienza? Pianificate di praticare tecniche di respirazione ogni volta che le cose si surriscaldano - definire cosa significa "successo" in queste situazioni.

Passo 4: Domande Introspective

Concludete ogni settimana riprendendo quelle domande introspettive. Per esempio, chiedetevi, "Quali situazioni mi hanno aiutato a praticare la pazienza?" Le vostre risposte possono illuminare sia i punti di forza che le aree da migliorare.

Passo 5: Riflessione Mensile

Ogni mese, raccogliete i vostri controlli settimanali e guardate il quadro generale. "Ho migliorato nel complesso?" Anche le piccole vittorie contano e si accumuleranno.

Passo 6: Adeguarsi di Conseguenza

Nessuno è perfetto. A volte, gli obiettivi e le metodologie hanno bisogno di aggiustamenti. Sentitevi liberi di cambiare rotta se qualcosa non va.

Passo 7: Premiate il vostro sforzo

L'auto-riflessione pratica non riguarda solo individuare i difetti. Celebrate le vittorie, per quanto piccole. Saranno queste a rafforzare il vostro morale e a mantenervi motivati per una crescita più significativa.

Riflettere regolarmente e onestamente, valutando sia i punti di forza che le lacune, assicura un continuo auto-miglioramento bilanciato con gentilezza verso voi stessi.

"Capire se stessi è l'inizio della saggezza, e la comprensione arriva attraverso la riflessione e l'auto-analisi, non il giudizio superficiale."

La **consapevolezza di sé** è uno strumento che cambia la vita... e un viaggio. Iniziare con questi passaggi creerà una versione della riflessione personale che è assertiva, gentile e genuinamente vostra. Man mano che crescete, crescerà anche la vostra auto-comprensione, migliorando radicalmente il modo in cui vedete il mondo e il vostro posto in esso.

Impostazione di Obiettivi Realistici

Quando si pensa agli obiettivi, è utile iniziare con calma...dividerli in compiti gestibili. Questo ti impedisce di sentirsi sopraffatto e rende più facile continuare a progredire. Ad esempio, se punti a scrivere un libro, non pensare alle 100.000 parole di cui hai bisogno. Invece, spezzettalo in compiti di scrittura giornalieri – magari 500 parole al giorno. Questo approccio mantiene il progresso costante e sembra molto più fattibile.

Prossimo passo, considera i tuoi valori e punti di forza. I tuoi obiettivi dovrebbero risuonare con ciò che è importante per te e con ciò in cui sei bravo; renderà il lavoro più fluido e soddisfacente. Supponiamo che tu valorizzi la creatività e abbia un talento per il design. Stabilire un obiettivo di aggiornare il tuo portfolio online si allinea perfettamente con i tuoi valori e punti di forza. Probabilmente ti divertirai di più nel processo e lo seguirai fino in fondo.

Anche i tempi sono fondamentali. Avere scadenze crea un senso di urgenza e aiuta a tenere traccia dei progressi. Ma non preoccuparti se hai bisogno di adattare gli obiettivi. La flessibilità è importante. Forse avevi pianificato di completare un compito entro una settimana, ma ti rendi conto che hai bisogno di più tempo. Va bene—estendi leggermente il periodo anziché arrenderti.

Identifica il Tuo Grande Obiettivo

Prendi un grande obiettivo che hai in mente—ma che sembrava sempre troppo intimidatorio. Scrivilo.

Spezza in Piccoli Compiti

Guarda il tuo grande obiettivo e annota le cose singole che affronterai. Ogni compito dovrebbe sembrare realizzabile in breve tempo. Nessun passo è troppo piccolo in questa fase.

Allinea con i Tuoi Valori e Punti di Forza

Rivedi quei piccoli compiti. Si allineano con ciò a cui tieni e con ciò in cui sei bravo? Se no, modificali finché non lo fanno. Troverai più facile restare impegnato.

Stabilisci Tempi

Assegna una scadenza per ciascun compito. Queste possono essere settimanali o giornaliere, a seconda della dimensione. Assicurati solo che siano realistiche ma anche un po' sfidanti—come una spinta amichevole.

Adatta Se Necessario

La vita è imprevedibile. A volte le cose non andranno secondo il tuo programma. Va bene...è la vita. Adatta quelle scadenze secondo necessità ma non arrenderti.

Quando affrontai il mio progetto di correre una maratona, ho scoperto che era opprimente pensare a 42,195 chilometri in una volta sola. Quindi, ho spezzato la maratona in traguardi più piccoli—prima ho corso un chilometro, poi tre, poi cinque. Ogni piccola vittoria ha aumentato la mia fiducia. Vuoi un po' di motivazione extra? Ecco un ottimo promemoria:

"Ogni piccolo completamento è un gradino verso il tuo grande obiettivo."

Allinea ogni compito con i tuoi valori e punti di forza personali. Correre era importante per me perché rappresentava libertà e resilienza. Sapere questo mi ha fatto continuare a stringere le scarpe anche nei giorni pigri. Allineare le tue azioni con ciò a cui tieni rende ogni piccolo passo verso il tuo obiettivo significativo.

Per riassumere, questi passaggi portano chiarezza e danno direzione ai tuoi sforzi. Spezzando gli obiettivi, allineandoli con i valori personali, stabilendo tempi e rimanendo flessibili, è sorprendente quanto puoi realizzare evitando di affogare in complessità. E diciamocelo—le piccole vittorie fanno sentire bene...vero?

Fare in questo modo può cambiare il modo in cui affronti qualsiasi obiettivo nella tua vita. E chi non ha bisogno di un po' più di semplicità e soddisfazione nella routine quotidiana? Si tratta di rendere quei grandi sogni gestibili e raggiungibili. Mantieni le cose semplici, legate alla realtà e, soprattutto, piacevoli.

Mettiamoci in Pratica!

Va bene, abbiamo messo un piede nel Capitolo 4 su **Sviluppare Consapevolezza e Auto-Comprensione**. Si tratta di afferrare quei pensieri sfuggenti, sentire le nostre emozioni (sì, anche quelle non così positive), e fondamentalmente capire chi siamo. Impegniamoci pienamente passo dopo passo nel mettere in pratica ciò che abbiamo imparato!

Passo Uno: Radicati nel Presente

Va bene, fai un respiro profondo. Inspira... ed espira... Questo passo consiste nel portarti completamente in questo momento. Sai, a volte è difficile concentrarsi quando la mente è ovunque.

Pensa o di':

"Sono qui, adesso."

Siediti in un posto comodo, oppure forse resta in piedi se sei del tipo irrequieto—sii solo dove ti senti a tuo agio. Mentre inspiri ed espiri, immagina ogni pensiero o sensazione che ti ancori al presente. Senti i piedi per terra, nota ciò che ti circonda... Più noti, più presente sarai.

Passo Due: Riconosci i Tuoi Modelli di Pensiero

Passiamo ora a cogliere quei modelli di pensiero in azione. Prendi un quaderno (o fai una nota mentale se non ti piace scrivere).

Pensa o di':

"Cosa sta occupando spazio nella mia mente in questo momento?"

Ora annota qualsiasi pensiero che ti venga in mente. Potrebbe essere qualsiasi cosa—l'argomento su cui hai litigato una settimana fa, lo stress per domani... senza giudizio, solo catturali. Ad esempio, potresti scrivere: "Continuo a pensare a quanto imbarazzante sono stato alla cena di ieri sera."

Passo Tre: Applica i Concetti Base della CBT

Qui entra in gioco il divertente mondo della terapia cognitivo-comportamentale (CBT). Quei pensieri che hai scritto? Esaminiamoli.

Prendi un pensiero e analizzalo:

- Identifica l'emozione dietro di esso (ad esempio, "Mi sento imbarazzato per la cena di ieri sera").
- Metti in discussione quel pensiero. Chiediti:
  - C'è una prova per questo pensiero?
  - Quali prove ci sono contro di esso?

Ad esempio: "Prove a favore: Ho fatto un commento strano. Prove contro: Tutti hanno riso e la conversazione è proseguita rapidamente."

Passo Quattro: Usa Strumenti per l'Auto-Riflessione

Ora, unisci questi passaggi in una profonda auto-riflessione. Hai ancora quel quaderno? Ottimo. Rifletti su come quei pensieri ed emozioni influenzano la tua consapevolezza di te stesso.

Domande su cui riflettere o scrivere:

- Quanto spesso ti ritrovi in simili modelli di pensiero?
- Cosa ti dicono questi modelli di te stesso?

Ad esempio: "Spesso mi preoccupo di essere frainteso in contesti sociali. Probabilmente significa che valorizzo chiarezza e connessione."

Passo Cinque: Imposta Obiettivi Realistici

Questi esercizi non riguardano solo la nostalgia o lo stress—impostiamo degli obiettivi concreti! I tuoi obiettivi dovrebbero riguardare il conoscerti meglio, difetti compresi.

Pensa a un obiettivo semplice:

- "Praticherò nel mettere in discussione i miei pensieri negativi una volta al giorno."
- "Dedicherò cinque minuti ogni sera a annotare i miei pensieri ed emozioni della giornata."

Ad esempio: "Ogni sera, scriverò su un diario qualcosa che mi ha infastidito durante il giorno, e dedicherò alcuni minuti a mettere in discussione eventuali pensieri negativi con prove positive."

Passo Sei: Metti in Pratica e Valuta di Nuovo

Vuoi che questo sia più di un evento occasionale. Impegnati ad integrare questi passaggi nella tua routine quotidiana. Poi, dopo una settimana o due, valuta di nuovo.

Fai il punto con te stesso:

- Come va? (Queste attività ti stanno aiutando?)
- Ti senti più in sintonia con i tuoi pensieri ed emozioni?
- Ci sono sorprese riguardo ai tuoi modelli di pensiero?

Esempio di valutazione: "Ho notato che mettere regolarmente in discussione i miei pensieri negativi impedisce loro di degenerare. Sono sorpreso di trovare prove contro molte delle mie preoccupazioni!"

Rimani rilassato, sii gentile con te stesso. Alcuni giorni saranno più facili di altri, e va bene così. Questo esercizio si tratta di imparare e di spostarsi gradualmente verso un te più consapevole e auto-comprensivo.

Va bene, resta presente, e affrontiamo questo... un passo alla volta!

Capitolo 5:
Riformulazione e Riorganizzazione dei Pensieri

"La mente è tutto. Ciò che pensi, diventi."

Benvenuto in un capitolo emozionante dove **scuoteremo le cose** nella nostra mente e impareremo a pensare in modo diverso. Questo capitolo riguarda la riformulazione e la riorganizzazione dei nostri pensieri—qualcosa di incredibilmente utile nella nostra vita quotidiana (più di quanto tu possa credere).

Ti sei mai sentito bloccato in un loop di pensieri negativi? **Non sei solo**. Lo facciamo tutti, ma la grande notizia è—puoi cambiarlo (sì, davvero). Esploreremo alcune tecniche sorprendenti per la riorganizzazione cognitiva e ci faremo comodi con strategie di auto-dialogo positivo. Non ti sembra fantastico catturare quei *pensieri non così utili* e trasformarli in qualcosa di effettivamente buono per te?

Ma aspetta—c'è di più. Il Modello ABC (Evento Attivante, Credenza, Conseguenza) è come una mini mappa per i nostri pensieri e reazioni. Ti piacerà conoscere questo modello. Successivamente, approfondiremo esempi e applicazioni pratici—rendendo facile per te **vedere benefici concreti** dalla riformulazione dei tuoi pensieri.

E come se non bastasse, concluderemo con esercizi di riformulazione dei pensieri quotidiani in modo che tu possa praticare regolarmente e vedere miglioramenti più presto di quanto pensi.

Curioso? Pronto a cambiare il tuo modo di pensare e posizionarti per una vita più felice e positiva? Continua a leggere! Troverai molti strumenti e intuizioni per **coinvolgere appieno il potenziale della tua mente in un modo completamente nuovo.**

Tecniche per la Ristrutturazione Cognitiva

Ehi! Quando si tratta di **ristrutturazione cognitiva,** si tratta di cambiare il modo in cui pensi per sentirti meglio. Individuare quei subdoli **distorsioni cognitive** è essenziale. La mia strategia è annotarle - aiuta a vedere chiaramente cosa sta girando nella tua testa. Fondamentalmente, si tratta di pensieri esagerati che rovinano la tua giornata. Immagina questo: hai fatto un piccolo errore al lavoro e ora sei convinto che verrai licenziato. Questo è ciò che chiamiamo "catastrofismo," dove soffiamo le cose fuori misura.

A volte, pensiamo in bianco e nero. Come, diciamo, prendi un "B" in un test, e poi è tutto tenebre e tristezza perché qualsiasi cosa meno di un "A" è un fallimento, giusto? Cogli questi pensieri illogici nel momento in cui appaiono. Rubano la nostra gioia - davvero lo fanno.

Va bene, allora è il momento di mettere in discussione queste fastidiose **credenze negative.** Quello che fai dopo è super importante... Come un dibattito mentale. Usiamo il nostro esempio del "essere licenziato": Chiediti - è vero? È già successo in passato? C'è effettiva evidenza? Spesso, non c'è. (Traduzione: è la tua mente che gioca brutti scherzi.)

Pensa a questo: se un amico condividesse queste paure, le convalideresti? Probabilmente no! Le metteresti in discussione e reagiresti con compassione. Fai lo stesso per la tua mente. Siamo così duri con noi stessi!

Sostituisci con pensieri bilanciati. Una volta che hai smontato le tue credenze negative, è il momento di cambiare rotta. Cambiamo lo stress del licenziamento con qualcosa di più equilibrato come, "Ho fatto un errore ma posso sistemarlo, ho fatto un buon lavoro qui." Vedi cosa è successo lì? Ti stai rassicurando con una dichiarazione realistica e positiva.

Potrebbe sembrare goffo o forzato all'inizio... Molto simile a indossare un paio di scarpe nuove, ma migliora quanto più pratichi. Considera di trattare ogni pensiero distorto in tre fasi:

- **Individua la distorsione.** Scrivi cosa stai pensando. "Ho sbagliato un compito - perderò il mio lavoro."
- **Metti in discussione la credenza.** È davvero sicuro? Qual è il peggio che potrebbe accadere? È realistico o probabile? Fai una piccola Q&A con te stesso.
- **Sostituisci con pensieri bilanciati.** Sostituisci la paura con i fatti. "Un errore non significa disastro. Ho ricevuto apprezzamenti anche per il mio lavoro."

Inizia con esempi quotidiani. Hai fallito una ricetta? Prova qualcosa del genere, "Non perfetto, ma ho imparato. La prossima volta, posso aggiustarlo." Semplice, giusto?

Mettiamoci in pausa qui... Perché...

I nostri pensieri guidano le nostre emozioni, che guidano le nostre azioni.

Piuttosto pesante, ma vero. Cambiando semplicemente il modo in cui pensiamo, modelliamo le nostre reazioni e momenti.

Dopo aver preso la mano, inizierai a farlo automaticamente. Potresti non aver bisogno più di carta e penna. Non si tratta di rendere la vita perfetta - si tratta di costruire migliori abitudini mentali per far fronte ai giorni buoni e cattivi. Non c'è bisogno di mettere a repentaglio il tuo benessere per una cena bruciata o una chiamata di lavoro imbarazzante.

Affronta le conversazioni che hai con te stesso, con l'intenzione di essere più gentile e costruttivo. Non diresti a un amico, "Fai sempre pasticci!" Perché dirlo a te stesso? Identificare... mettere in discussione... e sostituire... Queste tecniche portano pace - non perfezione - nel pensiero!

Strategie di Auto-Discorso Positivo

Va bene, parliamo di qualcosa di cui tutti abbiamo bisogno - l'auto-dicorso positivo. È molto più facile essere duri con noi stessi che sollevarci. Ti suona familiare, vero? Uno strumento potente per lavorare su questo sono le **affermazioni**. Molto semplicemente, le affermazioni sono dichiarazioni positive che ripeti a te stesso. È come inviare segnali di incoraggiamento e fiducia in te stesso e, fidati di me, i benefici possono essere enormi.

Ecco come funzionano le affermazioni per la fiducia in se stessi - seleziona alcune che ti risuonano. Possono essere semplici come "Sono prezioso" o "Sono forte". Dille ogni mattina. Ripetile mentre ti lavi i denti...scrivile su dei post-it e mettili sullo specchio, sulla tua scrivania, persino nel tuo portafoglio. Coinvolgerti in questi rituali colora il tuo pensiero quotidiano in modo più luminoso e combatte quei pensieri più oscuri che si trascinano.

Ammettiamolo - tutti ci impegniamo in un dialogo interiore negativo a volte. Potresti pensare "Perché ho detto quella cosa stupida?" o "Non posso fare nulla bene." Indovina un po'? Si tratta di riconfigurare quel tuo cervello per **contrastare il dialogo interiore negativo**. Quando cogli quella voce interiore critica, sfidala. Per ogni critica, rispondi con una replica positiva. "Perché ho detto quella cosa stupida?" può trasformarsi in "Beh, farò meglio la prossima volta!" Pensaci come una partita di tennis mentale in cui sei determinato a vincere ogni punto.

Va bene, ecco alcuni consigli pratici per contrastare il dialogo interiore negativo:

- Nota i pensieri negativi. Essere consapevoli è fondamentale.
- Rispondi a quei pensieri - letteralmente! "Ehi, non è vero!" (Parlare da soli potrebbe sembrarti sciocco, ma è efficace.)
- Sostituisci immediatamente le affermazioni negative con affermazioni positive.

Una superba citazione riassume il concetto:

"Il dialogo interiore negativo è il tuo peggior nemico."

La negatività può attaccarsi come quella gomma appiccicosa sotto una scrivania, ma la persistenza la schiaccia.

Questo ci porta a un'altra pepita d'oro - la **motivazione interna**. Ecco un semplice esercizio che funziona: visualizza i tuoi obiettivi. Hai un grande progetto o una sfida davanti? Dedica qualche minuto a chiudere gli occhi e immaginarti riuscire. Senti l'emozione, ascolta gli applausi (anche se è solo nella tua testa). La motivazione interna inizia da come ti vedi.

Il che mi porta ai **Promemoria degli Obiettivi**. Scrivi i tuoi obiettivi. Attaccali ovunque - sullo specchio del bagno, sul frigorifero in cucina, dentro il tuo planner. Ogni volta che li vedi, il tuo cervello riceve una scossa di motivazione.

Poi, suddividi i tuoi grandi obiettivi in piccoli passaggi:

- **Passo 1:** Definisci il tuo obiettivo finale. Semplice e chiaro.
- **Passo 2:** Scomponilo in compiti più piccoli e gestibili. Se si tratta di mettersi in forma - inizia con una passeggiata di 10 minuti.
- **Passo 3:** Aggiungi questi compiti alla tua lista delle cose da fare. È estremamente soddisfacente spuntarli!

Hai mai provato a celebrare piccole vittorie? Dovresti. Questo mantiene viva la fiamma della motivazione. Hai completato un allenamento? Fantastico, coccolati con qualcosa che ti piace (come guardare un episodio preferito).

Affermazione audace: Il proprio valore non deriva dai complimenti degli altri. Nasce e si nutre dentro di te. Questo funziona in modo semplice, ma la pratica è fondamentale. **L'auto-dicorso positivo**, contrastando quegli intrusi negativi e risvegliando la motivazione da dentro devono diventare la tua dieta mentale quotidiana.

Onestamente, può essere difficile a volte. Ma sei più forte. Prova queste strategie e mantieniti saldo nel tuo nuovo, potenziante paesaggio mentale.

Il Modello ABC (Evento Attivante, Credenza, Conseguenza)

Iniziamo con individuare l'**evento attivante**—questo è lo scatenante, la cosa che dà il via a tutto. Immagina di tornare a casa e vedere che il tuo coinquilino non ha lavato i piatti, di nuovo. Questo è l'evento attivante. Forse è qualcosa di più emotivo, come un amico che non ti risponde ai messaggi per tutta la giornata. L'evento attivante scatena una reazione, che può trasformarsi in un grande mix di emozioni e pensieri.

I sentimenti che seguono sono spesso immediati e intensi. Vedi quei piatti sporchi, e potresti sentirti arrabbiato o infastidito. Il tuo amico non ti risponde, e ti senti preoccupato o trascurato. Il punto è che, mentre l'evento stesso è neutro (piatti nel lavello, amico che non risponde), sono i tuoi sentimenti a portare il peso.

Qui entrano in gioco le **credenze**. Agiscono come un filtro—colorano tutto ciò che vedi, senti o pensi. Supponiamo che tu creda che le persone siano per natura poco considerate; notare quei piatti potrebbe confermare questa credenza. Improvvisamente, non sono solo piatti—è un affronto, diventa personale. Forse non si tratta di pigrizia, forse si tratta di rispetto. Oppure l'assenza di un messaggio si trasforma in una credenza che tu venga deliberatamente ignorato—tutto basato su percezioni personali.

La **conseguenza** è come quelle credenze influenzano azioni, comportamenti e ulteriori pensieri. Con i piatti sporchi a implicare mancanza di rispetto, potresti reagire verbalmente o trattenere i tuoi sentimenti, portando a tensioni. Se pensi di essere ignorato, potresti iniziare ad evitare l'amico, reagire arrabbiato al prossimo incontro, o addirittura mettere in discussione il tuo valore.

Comprendere come le credenze influenzano la reazione è cruciale:

- **Evento attivante**: Piatti sporchi, mancata risposta al messaggio.
- **Credenza**: "Non mi rispettano" o "Mi stanno ignorando apposta."
- **Conseguenza**: Rabbia, ritiro, tensione nell'interazione, bassa autostima.

Per affrontare questo, ecco un pratico approccio passo dopo passo:

- **Riconosci l'Evento Attivante**

  Nota cosa scatena la tua risposta emotiva. Rifletti sulla tua giornata; ricorda i momenti che hanno suscitato forti emozioni.

- **Identifica le Tue Credenze**

  Potrebbe richiedere un po'. Interroga la prima cosa che ti viene in mente che spiega perché l'evento ti ha infastidito. È perché lo attribuisci a mancanza di rispetto sottostante? O lo vedi come un abbandono intenzionale?

- **Valuta la Consequenza**

  Identifica la tua reazione emotiva e comportamentale immediata. Sei arrabbiato, reagisci, o provi autocommiserazione? Prenditi un momento per annotare queste cose.

Fai pieno uso di questo con una citazione come guida--

"Il momento in cui noti i tuoi pensieri e le tue credenze, puoi iniziare a scegliere di meglio."

Quindi, come può uno spostare le credenze? Ripensa—quei piatti sporchi derivano dalla loro routine frenetica proprio come la tua, non mancanza di rispetto. Oppure il tuo amico ha perso il telefono, quindi il silenzio non è un affronto ma dettato dalle circostanze.

Applicando una **visione obiettiva**, potresti sentire meno escalation emotiva. Le azioni che seguono tale riflessione scollegano reazioni intense, aprendo la strada a un coinvolgimento ragionevole e più composto. Affronta la situazione o comunica come le loro azioni ti hanno fatto sentire, anziché passare all'azione infuocata.

La prossima volta che ti scontri con ciò che sembra un ostacolo, cerca di **aggiustare il ciclo di pensieri**. Riconosci lo scatenante, interroga il modello di risposta– questo è pensiero più chiaro!

Non è meglio notare come filtrare le azioni attraverso il **riassetto delle credenze** influenzi non solo te, ma anche le tue relazioni? Prova. Riconosci, interroga e riorienta. Potresti rimanere sorpreso.

Esempi Pratici e Applicazioni

Pensare di applicare le tecniche nelle situazioni quotidiane può sembrare scoraggiante, ma è più facile di quanto tu possa pensare. È come integrare una nuova routine nelle tue abitudini quotidiane— alla fine diventa naturale. Condividerò alcuni scenari in cui questi metodi si inseriscono nelle nostre vite regolari, passando senza soluzione di continuità dalla teoria alla pratica. Vedrai che non ci vuole molto prima che tutto inizi a funzionare.

Immagina di essere in viaggio per andare al lavoro e incontrare un traffico intenso—un immediato scatenante di frustrazione. Invece di lasciare che l'irritazione prenda il sopravvento, potresti riformulare la situazione pensando, "Questo mi dà tempo extra per ascoltare il podcast che sto apprezzando." Non stai ignorando l'irritazione, ma stai ristrutturando il tuo pensiero per concentrarti su un aspetto positivo nascosto. Improvvisamente, il tragitto non sembra più così temibile.

Oppure immagina un disaccordo con un amico. Normalmente, emozioni negative persistenti potrebbero dominare, riempiendo la tua mente con ciò che è stato detto e cosa avrebbe dovuto essere diverso. Ma con queste tecniche, prova a considerare il loro punto di vista—"Forse hanno avuto una giornata difficile e non volevano esprimersi in quel modo." Questo atto di riformulazione non solo calma la tua rabbia crescente, ma potrebbe anche offrire un modo più chiaro per risolvere la questione.

Nella genitorialità quotidiana, i momenti per applicare queste tecniche sono incessanti. Immagina un bambino che rifiuta di fare i compiti. L'irritazione è reale—fidati, i genitori possono confermarlo. Riformula il tuo pensiero per vedere questa come un'opportunità per insegnare loro la gestione del tempo invece di considerarla un fastidio. Forse pensa, "Questa è un'occasione per mostrare pazienza e modellare capacità di risoluzione dei problemi." La vita domestica può trasformarsi con solo un piccolo cambiamento di prospettiva.

Passiamo alla vita professionale. Il tuo superiore critica il tuo progetto e la reazione immediata potrebbe essere tendere alla difensiva. E se, invece, vedessi i loro commenti come opportunità di crescita? "Questo feedback mi aiuterà a perfezionare le mie competenze." Interiorizzare questa riformulazione può trasformare ciò che sembra un ostacolo in un gradino per il miglioramento.

Ristrutturare i pensieri è simile—riprogrammare il modo in cui elaboriamo le situazioni per favorire modelli mentali più sani. Scomponiamolo in un chiaro insieme di azioni:

- Identifica il pensiero negativo.
  - "Non riuscirò mai a fare bene questo."
- Metti in discussione la sua validità:
  - "Quali prove ho veramente che supportano questo?"
- Sostituiscilo con un'alternativa positiva o realistica:
  - "Sono riuscito in situazioni difficili in passato; posso risolvere anche questa."

Considerare i passaggi sopra può ridurre gradualmente il dialogo interno negativo. Studi hanno dimostrato che **cambiare il narrare nella nostra mente motiva abitudini mentali vecchie di decenni in direzioni più positive.**

Riflettere sui concetti può essere profondo, ma vederli applicati in situazioni pratiche chiarisce il loro valore. Ad esempio:

- **Quando ti senti sopraffatto da una lista di cose da fare incompiute:** Riorienta i tuoi pensieri per affrontare un compito alla volta anziché rimuginare su tutta la lista.
- **Quando noti insicurezze emergere nelle situazioni sociali:** Invece di focalizzarti su queste sensazioni, sposta la tua attenzione verso un coinvolgimento genuino con coloro che ti circondano, dando priorità alle connessioni significative rispetto ai pensieri autocritici.

Un cambiamento proattivo di prospettiva, per quanto piccolo, mina le ansie più potenti.

Evidenzia questi punti e applicali iterativamente; è così che la tua mente apprende questi nuovi percorsi. Ogni piccola riformulazione porta benefici cumulativi.

Convertire la teoria in pratica non richiede gesti grandiosi; si tratta di quegli aggiustamenti quotidiani, piccoli, che rimodellano il nostro modo di interagire con il mondo e le nostre storie su di esso. Adottando regolarmente questi approcci, colmi il divario tra ciò che hai imparato e come vivi ogni giorno senza soffermarti su ostacoli mentali residui. La libertà che deriva dalla padronanza della riformulazione e della ristrutturazione vale ampiamente lo sforzo.

Esercizi di Ristrutturazione del Pensiero Quotidiano

Coinvolgersi regolarmente nei **controlli mentali** è uno strumento potente. Sai come controlli i tuoi account sui social media tutto il tempo? Prova a farlo con i tuoi pensieri. Imposta dei promemoria sul tuo telefono (mattino, mezzogiorno, sera) per chiederti, "A cosa sto pensando in questo momento?" A volte i nostri pensieri corrono in automatico, senza nemmeno rendercene conto. Riconoscere i modelli può rendere più facile ristrutturarli.

Allora, che tipo di domande dovresti farti durante questi controlli? Ecco un pratico elenco di stimoli alla riflessione:

- Questo pensiero mi sta aiutando a raggiungere i miei obiettivi?
- Posso guardare questa situazione da una prospettiva diversa?
- Per cosa sono grato in questo momento?
- Mi sto concentrando sul positivo o sto rimuginando sul negativo?

"Ma perché tutto questo è importante?" potresti chiederti. È semplice: il nostro cervello tende a credere a tutto ciò che gli

80

diciamo. Se continui a nutrirti di narrazioni negative, è probabile che si radichino. Ma modificare i tuoi pensieri può gradualmente cambiare la tua mentalità.

Un altro modo pratico di ristrutturare i tuoi pensieri consiste nell'instaurare abitudini coerenti. Potrebbe sembrare di base, ma funziona. Per esempio, prova a iniziare la giornata elencando tre cose per cui sei sinceramente grato. Questo piccolo gesto può riassestare la tua attitudine per l'intera giornata, rendendoti più facile affrontare le sfide con un'ottica positiva.

Un modo per costruire queste abitudini è trasformarle in semplici passaggi gestibili. Ecco una guida passo dopo passo per aiutarti a ristrutturare i pensieri:

Passo 1: Riconosci i tuoi pensieri

Riconosci quando stai entrando in un loop negativo. Dai un nome alla narrazione ansiosa o autodeprecante che scorre nella tua mente. Riconoscere è il punto di partenza—"Ok, mi sto stressando per questo..."

Passo 2: Metti in discussione i tuoi pensieri

Chiediti se questi pensieri sono produttivi o se aggiungono solo stress. Il tuo preoccuparti per un evento imminente cambierà davvero il suo esito? Probabilmente no. Vale la pena pensarci, giusto?

Passo 3: Ristruttura i pensieri

Passa a un punto di vista più positivo o realistico. Se ti accorgi di pensare, "Faccio sempre errori," pensa invece, "Ho commesso errori in passato, ma ho imparato da loro e sono migliorato."

Passo 4: Rifletti sul nuovo punto di vista

Atteniti a questa prospettiva ristrutturata per almeno un minuto. Assorbila. Lascia che diventi la tua nuova verità. I pensieri riflessivi sono come "vitamine mentali" per rafforzare i cambiamenti positivi.

Mescola e abbina queste tecniche secondo necessità. Alcuni giorni saranno più difficili di altri—siamo tutti umani. L'idea è costruire un set di strategie su cui puoi contare, giorno dopo giorno. La coerenza è fondamentale, anche nei giorni in cui devi solo affrontare fastidi minori.

Alcune persone amano avere sistemi in atto—affermazioni del mattino, diari, l'intera panoplia. Ma fai **te stesso**. Se questi esercizi entrano nel tuo routine solo sporadicamente, è comunque un progresso.

"I pensieri positivi potrebbero non creare miracoli, ma possono scatenare un cambiamento che genera cambiamenti significativi nella vita"

Termini di moda e buone intenzioni a parte, si tratta solo di essere gentili con te stesso. Piccoli, costanti cambiamenti nel modo di pensare alla fine si accumulano in risultati duraturi. Inizia con qualche semplice adeguamento e guarda dove ti porta il tuo percorso... Il momento si amplifica e, poco alla volta, troverai più facilità nel navigare la vita senza il peso del sovrappensiero che ti opprime.

Che tu stia correggendo un processo di pensiero negativo, facendo un controllo mentale o creando nuove abitudini—ti stai impegnando in una pratica preziosa che ripaga in modi che potresti non notare direttamente, ma sicuramente si accumula.

Quindi domani—o anche oggi—prova uno solo di questi esercizi. La vita richiede la nostra attenzione in così tanti ambiti; una piccola ristrutturazione del pensiero può fare molta strada nel garantire che concediamo ampio spazio a un pensiero più positivo e utile.

Mettiamoci all'opera!

Pensi di stare pensando troppo a tutto, persino al lavandino della cucina? È tempo di rimboccarsi le maniche, schizzare un po' di acqua fredda su quel bel viso e affrontare quei modelli di pensiero come un campione. Ci tufferemo a testa bassa in un esercizio pratico da *Il Potere di Lasciar Andare: 7 Tecniche Efficaci su Come Smettere di Pensare Troppo al Passato, Guarire le Ferite Emotive e (Finalmente) Godersi la Libertà che Meriti, Senza Rimuginare.* Pronto a rivoluzionare il tuo mondo interiore?

Passo 1: Identifica l'Evento Attivatore

Quindi, ecco come inizi: **presta attenzione**. Nota un evento che ti fa pensare troppo o rimuginare. Potrebbe essere qualsiasi cosa - dal rifiuto del tuo capo di accettare il tuo invito a un incontro, a quella pausa imbarazzante durante una conversazione con un amico, o forse, un litigio con qualcuno importante.

Per esempio: "Il mio amico non ha risposto al mio messaggio da due giorni."

Passo 2: Annota la Tua Credenza Immediata

Subito dopo che accade quell'evento, qual è la **credenza** che affiora nella tua mente? Questa prima risposta è fondamentale.

Potresti pensare: "Mi sta ignorando... forse è arrabbiata con me."

Passo 3: Esamina la Conseguenza

Ora, poiché i pensieri sono piccoli gremlins insidiosi, portano a sentimenti e comportamenti. Come ti fa sentire quella credenza? Quali azioni ispira?

Potresti iniziare a sentirti: "Ansioso, preoccupato, frustrato" e iniziare: "A pensare troppo, a mandare messaggi doppi, o addirittura a evitare altri amici pensando che siano arrabbiati anche loro."

Passo 4: Sfida la Credenza

È ora di tirare fuori quella lente d'ingrandimento mentale. Queste credenze sono verità incrollabili o potrebbero essere distorte? **Chiediti**: Quali sono altre possibili spiegazioni? Quali prove ho a favore e contro questa credenza? I miei pensieri si basano sui fatti o sono i sentimenti a prendere il sopravvento?

Considera, ad esempio: "Forse è solo occupata... cosa altro potrebbe spiegare il suo ritardo nella risposta? Ha detto che è stata sommersa di lavoro di recente."

Passo 5: Ridimensiona il Pensiero

Qui entra in gioco il ridimensionamento e la ristrutturazione (pensaci come il potere di modificare lo script nella tua mente). Trasforma quei pensieri cupi e pieni d'ansia in qualcosa di più equilibrato e positivo.

Passa da: "Mi sta ignorando ed è arrabbiata."

A: "Probabilmente è solo occupata e mi risponderà quando potrà."

Passo 6: Coinvolgiti in un Dialogo Interno Positivo

Perché i discorsi di incoraggiamento felici non sono banali, sono potenti. Si tratta di parlare con te stesso come faresti per rincuorare un amico. **Allevia emotivamente** la tua mente ansiosa.

Le parole potrebbero essere: "Sono importante per il mio amico, abbiamo appena attraversato un periodo intenso."

Oppure: "Va bene non ricevere una risposta immediata; non definisce la nostra amicizia."

Passo 7: Applica il Modello ABC durante un Controllo Giornaliero della Disforia

Per rendere l'ABC un metodo abituale, integrarlo in un rituale regolare di controllo dei pensieri. Alla fine di ogni giorno, **annota**:

- Un evento attivatore
- Le credenze che hai al riguardo
- Le conseguenze sui tuoi sentimenti e azioni

Scegli uno e segui i passaggi di sfida e ridimensionamento. Questo esercizio quotidiano garantisce che stai gradualmente **riprogrammando** i tuoi modelli di pensiero.

Per esempio:

- "L'amico non ha risposto."
- "È irritata."
- "Sensazione di ansia; evitato di mandare messaggi ad altri amici."

Poi, **sfida con calma**: "Forse sto fraintendendo la situazione," e arriva a "È occupata, va bene, mi risponderà quando potrà."

Passo 8: Celebra le Vittorie, anche i piccoli passi contano!

Datti una pacca sulla spalla per ogni passo in cui **sconfiggi**, **ridimensioni**, e **parli in modo positivo** alla tua mente per allontanarla dalla preoccupazione.

Le parole con cui potresti trattarti potrebbero essere: "Ottimo lavoro, Io, per concedermi un po' di tregua!" Oppure: "Gestito meglio quella situazione. Questo è un progresso!"

Attraverso questi passaggi, radicati nella magia del Capitolo 5 (ristrutturazione cognitiva, dialogo interno positivo e Modello ABC), stai addestrando il tuo cervello per percorsi più sani e più calmi. Quindi, avanti, alzati, abbatti lo stress - un pensiero alla volta - o dovrei dire, un pensiero ridimensionato alla volta.

Capitolo 6: Fondamenti della Regolazione Emotiva

"Ogni volta che ci sentiamo feriti, lo scopo non è solo quello di farci del male ma di insegnarci una lezione."

Benvenuto! In questo capitolo, parleremo di come **gestire meglio le tue emozioni** - una competenza importante per vivere una vita equilibrata. Ti sei mai sentito come se fossi su una montagna russa emotiva senza via d'uscita? Sì? Non sei solo.

Non è frustrante quando lo stress ti consuma o l'ira ribolle incontrollabilmente? Lo stress, la frustrazione e l'ira possono spesso sembrare come una tempesta sgradita. Ma la buona notizia è che non devono controllarci. Con gli strumenti giusti, possiamo navigare attraverso quelle sfide tempestose e trovare calma interiore.

Cominceremo con un'introduzione alla Terapia Comportamentale Dialettica (DBT) e alle competenze pratiche che puoi utilizzare nella tua vita di tutti i giorni. Poi esamineremo i principi della Terapia dell'Accettazione e dell'Impegno (ACT) che ti aiutano a rimanere connesso al momento presente, indipendentemente dalle emozioni che stai provando. Successivamente, le **tecniche di radicamento** saranno il nostro focus; queste sono ottime per aiutarti a rimanere stabile quando le emozioni diventano troppo intense.

Hai mai sentito parlare del Rilassamento Muscolare Progressivo? È più semplice di quanto sembri e può davvero aiutare a ridurre la tensione emotiva. E infine, parleremo dello sviluppo della resilienza emotiva - perché è importante e come puoi costruirla.

Resta con noi... alla fine, avrai delle strategie solide per gestire meglio le tue emozioni e trovare più **pace** nella tua vita quotidiana. Pronto? Cominciamo.

Addestramento alle abilità della Terapia Comportamentale Dialettica (DBT)

Nessuno gradisce sentirsi fuori controllo quando arrivano emozioni intense. **La regolazione emotiva** consiste nel sapere come identificare e gestire queste intense esplosioni di sentimenti. Immaginalo come essere un controllore del traffico per le tue emozioni. Invece di reagire solo per impulso, puoi sviluppare la capacità di mettere in pausa e riflettere sulla tua risposta.

Per esempio, supponiamo che improvvisamente ti colpisca un'ondata di tristezza perché è emerso un vecchio ricordo inaspettatamente. Invece di tuffarti in quella tristezza a testa bassa, rischiando una spirale verso pensieri più negativi, potresti dirti: "Va bene, mi sento così a causa di quel ricordo, ma non devo permettere che rovini la mia giornata." Scegli attivamente di impegnarti in un'attività positiva, magari parlando con un amico o guardando un programma TV preferito, il che può fare miracoli nel bilanciare le cose.

Ora parliamo della tolleranza al disagio—parole sofisticate, lo so. Ma tutto ciò significa gestire quei momenti difficili senza peggiorare le cose per te stesso. Tutti noi abbiamo provato la sensazione che tutto brucia ogni tanto (e a volte letteralmente!). Uno dei modi per far fronte è usare l'abilità "STOP": Fermati, Fai un respiro profondo, Osserva cosa sta succedendo e Prosegui con consapevolezza.

Conosci quella sensazione quando sembra che niente vada per il verso giusto? Diciamo che hai avuto una giornata estenuante e lo stress sta aumentando. Utilizzare le abilità di tolleranza al disagio in quei momenti può evitarti di scoppiare o prendere decisioni sbagliate per disperazione. È come costruire una fortezza mentale per resistere alla tempesta senza crollare. I piani di crisi potrebbero includere alcune strategie immediate, come schizzare acqua fredda sul viso (è scioccante ma efficace), tenere dei cubetti di ghiaccio per radicarti nella realtà o utilizzare esercizi di respirazione per calmare la mente.

Le relazioni sane—sono come l'oro. Ed è qui che entra in gioco **l'efficacia interpersonale**. Vuoi mantenere buone relazioni, giusto? Gli studi raccomandano di bilanciare il modo in cui dici "no" o esprimi esigenze e desideri senza calpestare i sentimenti di qualcun altro. Queste strategie vengono categorizzate in abilità come gestire i tuoi obiettivi, considerare la salute a lungo termine della relazione e onorare il tuo rispetto verso te stesso.

Immagina (no, aspetta, non immaginare... solo rifletti su questo) di essere in una conversazione con un collega che vuole che tu prenda in carico ulteriori compiti. Potresti semplicemente dire: "Ah, no grazie." Ma un approccio più sano potrebbe essere dire qualcosa del tipo: "Mi piacerebbe aiutare, ma al momento sono sommerso di lavoro con X. Potremmo organizzarci più avanti?" Mostra che sei premuroso e costruttivo, non distruttivo.

"È essenziale sviluppare queste abilità, poiché mantenerle può migliorare significativamente le tue relazioni interpersonali e l'autostima."

Quando si tratta di sviluppare queste capacità, serve pratica—come per qualsiasi altra cosa nella vita. Pensaci come un allenamento con i pesi per il tuo cervello. Esercita regolarmente quei muscoli emotivi e sociali e col tempo diventeranno naturalmente più forti.

In sintesi:

- **Regolazione emotiva**: Identifica l'emozione, radicati, scegli un'attività costruttiva o un filone di pensieri.
- **Tolleranza al disagio**: Usa tecniche semplici come "STOP" per evitare di far crescere la crisi—da trucchi banali a tattiche di distrazione più articolate.
- **Efficacia interpersonale**: Bilancia le tue esigenze e la salute delle tue relazioni essendo chiaro ma premuroso.

In definitiva, le abilità della DBT possono sembrare un kit emotivo. Dunque, sebbene la vita non venga fornita con un manuale, avere gli strumenti giusti significa poter gestire più facilmente gli aggiustamenti di cui ha bisogno la tua casa emotiva.

Principi della Terapia dell'Accettazione e dell'Impegno (ACT)

Va bene, ragazzi, tuffiamoci subito. **ACT**—sembra sofisticato, ma in realtà è solo un modo per gestire tutto il caos che si sta svolgendo nella tua testa. E in questa sezione, arriviamo al nocciolo della questione—come può aiutarti a vivere una vita migliore, più rilassata, utilizzando la **Defusione Cognitiva**, l'**Accettazione**, e la **Chiarezza dei Valori**.

Quindi, la **Defusione Cognitiva**... sembra qualcosa estratto da un film di fantascienza, giusto? Ma non è nulla di troppo complicato. Fondamentalmente, si tratta di distaccarsi dai pensieri non utili. Spesso, ci avvolgiamo nei nostri stessi pensieri. Pensa a quante volte sei precipitato nella negatività a causa di un singolo pensiero. La chiave qui è distanziarsi da questi pensieri, capire che sono solo parole e suoni nella tua testa, non verità assolute. Visualizza mettere quei fastidiosi pensieri sulle foglie e lasciarli galleggiare lungo un ruscello, o immaginali come nuvole che si allontanano. Non li stai eliminando, stai solo creando uno spazio... aria fresca.

Quando si tratta di **Accettazione**, le cose diventano un po'...
personali. Tutti abbiamo sentimenti, e a volte fanno schifo—non c'è
altro modo per dirlo. Ma cercare di scacciarli tende a ritorcersi
contro, rendendoli più forti. È cruciale **accogliere i sentimenti
senza giudizio**. Pensa a trattare le tue emozioni come faresti con
qualcosa di prezioso—non stringendole così forte da farle rompere,
ma delicatamente, assicurandoti che non scivolino via e causino più
caos. Provalo la prossima volta che ti senti sopraffatto: notare
l'emozione, darle un nome, e lasciarla essere. È una pratica, come
piantare semi che crescono lentamente in un giardino in cui ti senti
bene nel semplicemente esistere.

Prossimo passo, **Chiarezza dei Valori**. Questo riguarda scavare in
profondità, capire cosa conta veramente per te. Non per i tuoi
genitori, i tuoi amici, o la società—solo per te. Cosa ti fa alzare al
mattino? Quali sono i ritmi che vuoi far ballare al tuo cuore? Pensaci
come a una bussola; quando conosci i tuoi valori, hai una direzione.
Semplicifica le decisioni perché stai allineando le azioni a ciò che è
importante invece di reagire solo alla vita.

Ecco un modo pratico per mettere tutto insieme:

- **Nota i tuoi pensieri**

  Quando compare un pensiero fastidioso, non combatterlo.
  Fermati. Osservalo. Ti sta urlando qualcosa? Sta essendo
  cattivo? Notalo senza coinvolgerti.

- **Distanziati**

  Immagina quel pensiero su uno schermo di fronte a te o
  scrivilo. Creare anche un piccolo spazio può aiutarti a
  vederlo per ciò che è—solo un pensiero.

- **Dai un nome ai tuoi sentimenti**

Hai emozioni travolgenti? Ottimo—beh, non ottimo, ma gestibili. Dillo ad alta voce. "Ehi ansia, sei di nuovo qui." È come incontrare un vecchio conoscente (non un amico, solo qualcuno che riconosci).

- **Accampa con il disagio**

  Non cercare di scacciare quelle emozioni. Siediti con esse come faresti con te stesso in una stanza silenziosa. Respira, respira, lasciale essere.

- **Chiarisci i tuoi valori**

  Fatti alcune domande profonde—cosa è veramente importante in questo momento? Salute? Relazioni? Creatività? Non si tratta di obiettivi che possono essere raggiunti, ma di principi duraturi che guidano le tue scelte quotidiane.

Col tempo, questi piccoli passi si trasformano in abitudini che si integrano nella tua vita senza sforzo. Si tratta di lasciare che la vita fluisca senza aggrappartici troppo.

"Il dolore è inevitabile, ma la sofferenza è facoltativa."

Mantenendo dello spazio tra i nostri pensieri e noi stessi, sperimentiamo una tranquillità che ci permette di abbracciare alti e bassi della vita.

Unisci tutto, e hai un set di strumenti. Con questo approccio completo, ogni principio è una parte di un tutto più ampio. Rendilo parte della tua pratica quotidiana. La bellezza risiede nei piccoli cambiamenti... piccole svolte che portano a trasformazioni sostanziali.

Tecniche di radicamento per la stabilità

Esploriamo le tecniche di radicamento che possono aiutarti a rimanere saldo nel tuo presente. Il radicamento consiste nel rimanere connesso e presente... specialmente nei momenti in cui la tua mente cerca di sfuggire al controllo.

Il **radicamento sensoriale** è come premere il pulsante di pausa e uscire dalla tua testa coinvolgendo i tuoi cinque sensi. Quando ti senti ansioso, trova qualcosa che puoi toccare, vedere, sentire, odorare o gustare per riportarti al presente. Inizia descrivendo ciò che vedi nei minimi dettagli, come se stessi dipingendo un quadro con le parole. "Il tessuto rosso del divano, un piccolo strappo alla cucitura..." Tocca qualcosa con diverse texture e concentrati su di essa—la superficie ruvida del tuo maglione. Puoi anche ascoltare i suoni intorno a te, che siano uccelli che cinguettano o il ronzio del traffico. Non sottovalutare nemmeno il potere dell'olfatto; trovare un profumo preferito o sorseggiare un tè alla menta può radicarti.

Il **radicamento fisico** implica sintonizzarsi sulle sensazioni del tuo corpo per mantenere i piedi saldamente radicati nel presente. Può sembrare complicato, ma è semplice come sentire il peso del tuo corpo premuto contro la sedia o il pavimento sotto i tuoi piedi. Presta attenzione a come stai seduto. Le tue spalle sono rilassate o tese? Il tuo respiro è superficiale o profondo? Potresti anche muovere le dita dei piedi o stringere e allentare i pugni per concentrarti sulla tua esperienza fisica. Quando fai esercizio, questa tecnica entra naturalmente in gioco—che tu stia correndo, sollevando pesi o facendo yoga—concentrati su come si sente il tuo corpo.

Il **radicamento cognitivo** consiste nel fare in modo che i tuoi pensieri restino nel momento presente. A volte le nostre menti amano vagare... spesso in luoghi non così sani. Il radicamento cognitivo aiuta a riportare i tuoi pensieri a casa. Un trucco divertente è portare con te un oggetto di radicamento; qualcosa di piccolo che puoi tenere in tasca, come un sasso liscio o un rosario, e ogni volta che ti stai distaccando o proiettando avanti nella tua mente, tienilo stretto. **Nate Zeller scrive,**

"A volte non si tratta di quanto hai da dire, ma di far sì che quella forza silenziosa parli per te quando stai per perderla."

Ecco un altro consiglio utile—conta all'indietro da 100 a setti. Credimi, non è facile come sembra, e costringe il tuo cervello a concentrarsi. Oppure potresti elencare tutti gli stati del paese, tutte le forme che vedi intorno alla tua stanza, o tutte le canzoni che hai ascoltato quel giorno... Portando l'attenzione su ciò che ti circonda invece di vagare tra le preoccupazioni future o i rimpianti passati, ti stai concedendo uno spazio per respirare.

Utilizzando queste tecniche, ti offri un modo per recentrarti e radicarti nel qui e ora. Il radicamento sensoriale ti collega a ciò con cui puoi impegnarti direttamente, il radicamento fisico ti ricorda la tua presenza corporea, e il radicamento cognitivo aiuta a mantenere la tua mente ferma, senza oscillare come un pendolo selvaggio. C'è un cambiamento rivoluzionario tra questi? Probabilmente no. Piuttosto, è nella pratica costante e quotidiana di queste tecniche che si rafforza la tua base di regolazione emotiva.

Rimani connesso con te stesso nel presente—sia che si tratti della carezza leggera del vento sul viso, della sensazione del terreno sotto i piedi, o semplicemente della gravità della tua presenza in uno spazio proprio adesso, qui.

Rilassamento Muscolare Progressivo (RMP)

Il **Rilassamento Muscolare Progressivo**, o **RMP** per abbreviare, consiste nel tensionare e rilassare in modo sistematico i muscoli— ed è un ottimo modo per aiutare a calmare la mente. Un approccio sequenziale inizia con le mani, si sposta verso l'alto e poi va al corpo inferiore. Pensaci in questo modo—stai lavorando per far sì che ogni parte del tuo corpo passi da tesa a completamente rilassata. Abbastanza semplice, vero?

Inizierai scegliendo un gruppo muscolare—ad esempio, i pugni. Stringi una mano in un pugno stretto per circa cinque secondi. Senti davvero la tensione in quei muscoli. Poi, mentre espiri, lascialo andare. Apri e rilascia delicatamente le dita. Noterai un'onda di rilassamento che si sposta nella mano.

Continuerai questo processo con altri gruppi muscolari:

- Stringi i bicipiti, poi lasciali rilassare.
- Sforza le scapole insieme, poi rilasciale.
- Tendi i muscoli del collo sollevando le spalle, e poi lasciali cadere.

Coinvolgere quei muscoli uno per uno prima di rilassarli rilascia la tensione accumulata, un po' come strizzare una spugna piena di stress.

Anche la respirazione gioca un ruolo importante qui. Inspira profondamente mentre tiri i muscoli. Quando espiri, lascia che il respiro segnali ai muscoli che possono rilassarsi ora. La respirazione e i muscoli che lavorano insieme creano una sorta di ritmo, come una danza ben orchestrata—tensione, rilascio, inspira, espira.

Ti dico, la pratica regolare è dove inizi davvero a vedere dei cambiamenti. È come annaffiare una pianta; non puoi semplicemente dimenticartene dopo il primo tentativo! Creare l'abitudine del RMP significa che anche quando la vita ti lancia delle curve, hai una strategia di pronto intervento.

"Respira profondamente, perché questo respiro è a ciò che tornerai"—questa frase non è solo una motivazione vuota. Ogni respiro ti aiuta a radicarti nel momento presente, lasciando meno spazio al troppo pensare a cose che non puoi cambiare.

Considera questo—sei alla tua scrivania e hai un mucchio di lavoro. La tensione parte dalla schiena e dalle spalle prima di strisciare verso il collo. È un sacco di energia muscolare impiegata nel 'sentirsi stressati.' E se ti siedi indietro e tensioni e rilassi consapevolmente questi muscoli, coordinandoti con la tua respirazione? Probabilmente scoprirai che sei di nuovo pronto, anche un po' rinfrescato.

Inizia con una sessione veloce, quotidiana. Due, a volte tre minuti prima di dormire o quando ti prendi quella pausa di mezza giornata possono essere trasformative. Lentamente, man mano che diventi più a tuo agio con il ritmo, espandi a diversi gruppi muscolari e incorporalo in sessioni di relax più lunghe. Funziona davvero alla grande, quasi come aprire una strada dall'oppressione alla calma. Quindi non risparmiare su quei respiri tra il tensionare e il rilassare—stanno facendo un sacco di lavoro dietro le quinte.

E ascolta, non saltare le sessioni pensando, "Oh, oggi mi sento bene." La pratica regolare mantiene quel serbatoio di calma ben fornito per quando le cose *diventano* piuttosto folli.

Pensa al RMP come al tuo mini pulsante di 'reset' sparsi durante la giornata. Perfetto per quei momenti in cui lo stress cerca di farsi strada di nascosto. I muscoli sono come spugne; assorbono lo stress in ogni caso. Stringi fuori quella tensione pezzo per pezzo, respiraci attraverso, e con la pratica regolare, noterai che diventerà un'abitudine. Inizierai ad avvicinarti al relax più velocemente—e hey, chi non ha bisogno di un po' più di zen nella propria vita?

Sviluppare la resilienza emotiva

Costruire la **resilienza emotiva** non riguarda solo riprendersi; si tratta di imparare, adattarsi e restare più forti attraverso le sfide della vita. Ecco come puoi iniziare:

Affrontare in modo adattivo significa trovare modi positivi per gestire lo stress anziché permettere che ti controlli. Ad esempio, se il lavoro diventa opprimente, prova a fare brevi pause per una passeggiata veloce o anche a praticare la consapevolezza. Sarai stupito da ciò che pochi momenti di concentrazione sul respiro possono fare per resettare la tua mente. Un altro modo potrebbe essere dedicarsi a hobby o attività che ami: leggere, cucinare, suonare uno strumento. Le situazioni stressanti potrebbero essere inevitabili, ma le tue reazioni possono essere plasmate a vantaggio del tuo benessere.

Passando alla **compassione verso se stessi**. Ti sei mai trovato a rimproverarti per un errore? Non sei solo. Ma il trucco è trattare te stesso come faresti con un caro amico che affronta gli stessi problemi. Sembra semplice, perché lo è. Forse hai sbagliato una presentazione al lavoro; anziché rimuginare, riconoscilo, impara da esso e dì a te stesso che va bene commettere errori a volte. Capita a tutti noi. **Sii indulgente**, e ricordati dei tuoi punti di forza e dei successi passati.

Successivamente, addestrare te stesso a essere più **ottimista** è come trovare il sole anche nei giorni nuvolosi. Non significa fingere che tutto sia perfetto, ma piuttosto concentrarsi su ciò che va bene. Mantenere un diario della gratitudine è un modo efficace ma semplice. Basta annotare alcune cose per cui sei grato ogni giorno, grandi o piccole. Forse hai trascorso una serata accogliente con una persona cara o hai avuto una bella chiacchierata con un amico. Ci sono momenti positivi, devi solo notarli più attivamente.

Considera questo: "La vita è il 10% di ciò che ti accade e il 90% di come reagisci ad essa." Pensaci... molto dipende dal tuo **atteggiamento mentale**. Quando le cose non vanno come previsto, cerca la lezione anziché fissarti sul fallimento. Se non hai ottenuto quel lavoro, pensa al *perché* e usalo per prepararti meglio per la prossima opportunità.

Quindi praticamente, ecco cosa puoi fare:

- Quando ti trovi di fronte a un'emozione scomoda, metti in pausa. Non reagire impulsivamente. Forse conta fino a 10 o fai qualche respiro profondo.
- Chiedi aiuto agli altri. Parla con amici o familiari che ti capiscono. Condividere può alleggerire il carico emotivo.
- Scomponi i problemi più grandi in compiti più piccoli. Ti senti sopraffatto da tutto? Pianifica le priorità e affrontale pezzo per pezzo.

E quando la vita si fa dura, concentrarsi su questi passaggi può essere anche essenziale:

Passo 1: Pratica la Compassione verso te stesso

Sii gentile con te stesso. L'errore conta? Va bene, applica la lezione, ma lascia fuori l'autopunizione. Pensa in termini di miglioramento, non di critica.

Passo 2: Coinvolgiti in Abitudini Positive

Fai cose che ti portano gioia o relax. Forse è il giardinaggio, forse è il ciclismo. Qualcosa che ti aiuti a rilassarti e ricaricarti. Sarai sorpreso di quanto possa fare la differenza.

Passo 3: Cambia Prospettiva verso la Positività

Allena la tua mente a vedere il lato positivo. Hai perso l'autobus? È frustrante, certo, ma avrai la possibilità di sfogliare quel interessante articolo o goderti quaranta minuti di *tempo per te*. Inizia con piccoli passi, rifletti su una cosa positiva della tua giornata ogni sera.

Costruire la **resilienza** è come un muscolo; più pratichi, più diventerai forte. La vita presenta sfide, ma adottare queste pratiche può rendere più gestibili e meno opprimenti affrontarle. Tutto ciò richiede pratica e impegno, ma ricorda, anche piccoli passi costanti portano a progressi significativi.

Diamoci da fare!

Va bene, tiriamoci su le maniche e approfondiamo alcune utili esercitazioni dal Capitolo 6! Stiamo parlando dei **Fondamenti della Regolazione Emotiva** qui, mescolando alcune tecniche di **DBT**, **ACT**, tecniche di radicamento, **PMR**, e resilienza emotiva. Questo non riguarda solo la lettura, ma portare questi concetti alla vita nel tuo quotidiano.

Quindi, qual è il piano qui? Affronteremo questo passo dopo passo. Immagina di equipaggiarti con un set di strumenti per gestire quelle onde emotive.

Passo 1: Tecniche di Radicamento per la Stabilità

Quando le emozioni sono fuori controllo, le tecniche di radicamento possono essere il tuo ancoraggio. Il nostro primo passo riguarda rimanere nel momento presente.

Cosa fare:

Inizia con l'esercizio di radicamento **5-4-3-2-1**. Pronto?

- **Trova cinque cose che puoi vedere:** Guarda intorno e nomina silenziosamente a te stesso—lampada, libro, albero, orologio, penna.
  - Esempio: "C'è la cornice blu sul tavolo."
- **Individua quattro cose che puoi toccare:** Concentrati sulla texture.
  - Esempio: "Il mio cuscino è morbido e soffice."
- **Identifica tre cose che puoi sentire:** Affina l'udito.
  - Esempio: "Sento la musica del mio vicino attraverso il muro."
- **Riconosci due cose che puoi odorare:** Sperabilmente qualcosa di piacevole!
  - Esempio: "Sento il profumo del caffè appena fatto."

- **Riconosci una cosa che puoi gustare:** Controlla il tuo senso del gusto.
  - o Esempio: "Sento ancora il sapore di menta dal mio tè mattutino."

Passo 2: DBT - Consapevolezza

Ora che sei radicato, introduciamo un po' di consapevolezza in stile DBT. Questo è come l'arte di un'osservazione non giudicante, nel momento presente.

Cosa fare:

Pratica la tecnica dell'**"Osserva e Descrivi"**. Dedica alcuni minuti a questo.

- **Osserva:** Semplicemente nota i tuoi pensieri, sentimenti e sensazioni. Lasciali essere.
  - o Esempio: "Noto che il mio cuore batte più veloce."
- **Descrivi:** Metti le tue osservazioni in parole senza giudizio.
  - o Esempio: "Il mio cuore batte velocemente. Mi sento un po' ansioso."

Passo 3: ACT - Accettazione

Agisci non solo osservando ma accettando. Si tratta di tenere i tuoi pensieri leggermente.

Cosa fare:

Gioca con la visualizzazione delle **"Foglie su un Ruscello"**.

- **Siediti tranquillamente e immagina un ruscello:** Immagina i tuoi pensieri che passano come foglie. Non ti aggrappi a loro; li lasci passare.
  - o Esempio: "Ecco una foglia verde con il mio stress sul lavoro."

- **Pratica il lasciar andare:** Man mano che ogni pensiero o preoccupazione passa, riconoscilo delicatamente e lascialo andare alla deriva sulla sua foglia.
  - Esempio: "Ah, ecco quel pensiero insistente sul mio incontro. Addio, foglia."

Passo 4: Rilassamento Muscolare Progressivo (PMR)

È ora di passare al fisico e sciogliere la tensione con il PMR.

Cosa fare:

Fai un ciclo di tensione e rilassamento.

- **Tensore e Rilascio:** Lavora dalla testa ai piedi, tendendo brevemente ogni gruppo muscolare e rilassandoti poi.
  - Esempio: "Stringi i pugni per 5 secondi, poi rilassa e nota il rilassamento."
- **Prenditi il tuo tempo:** Lento e costante qui, prestando attenzione al contrasto tra tensione e rilassamento.

Passo 5: Costruire Resilienza Emotiva

Uniamo tutto questo per costruire quella mentalità resiliente.

Cosa fare:

Pratica la gratitudine e le affermazioni.

- **Diario della Gratitudine:** Scrivi tre cose per cui sei grato. Concentrati sui piccoli successi.
  - Esempio: "Sono grato per il mio letto accogliente, la chiamata di un amico oggi, e la deliziosa cena fatta in casa."
- **Affermazioni Quotidiane:** Pronuncia dichiarazioni positive su te stesso e sulla tua giornata.
  - Esempio: "Sono capace di gestire qualsiasi cosa venga sul mio cammino."

Vedi come tutti questi fili si uniscono? Stai combinando radicamento, osservazione (da DBT), accettazione (da ACT), rilassamento muscolare e infine promuovendo la resilienza attraverso pratiche positive.

Continua a praticare regolarmente questi passaggi e scoprirai che diventerà naturale, fornendoti una struttura delicata ma robusta per affrontare quei flussi e riflussi emotivi. Ehi, la pratica rende... migliore! Qui non serve la perfezione, solo un po' meglio di ieri.

Prenditela con calma, sii gentile con te stesso e, come sempre, continua avanti.

Parte 3: Praticare il lasciar andare

Capitolo 7: Tecniche Efficaci per un Rapido Sollievo

"A volte il più piccolo passo nella giusta direzione finisce per essere il più grande passo della tua vita."

Ti sei mai sentito come se la tua mente stesse girando e non ci fosse via d'uscita? **Capitolo 7** tratta di quei passi immediati e potenti che possono aiutarti a riacquistare il controllo. Immagina di imparare tecniche che possono fermare i tuoi pensieri sul nascere o affrontare le tue paure con coraggio. Sembra utile, vero?

Partiamo con una dichiarazione scioccante: Sai che metodi semplici possono cambiare istantaneamente il tuo umore e la tua mente? Non scherziamo - che si tratti di fermare quei pensieri molesti o di radicarti in un momento di panico, ogni tecnica in questo capitolo ha un impatto significativo.

Dal **Fermare i Pensieri** alla **Terapia di Esposizione**, esploreremo strategie concrete. Immagina di utilizzare l'Attivazione Comportamentale per metterti in moto quando la depressione ti colpisce, o il Tapping della Tecnica di Libertà Emotiva (EFT) per alleviare l'ansia. Anche veloci Esercizi di Radicamento sono qui per aiutarti a rimanere ancorato.

Ti senti sopraffatto da preoccupazioni o paure? Trova alcune **Soluzioni Accoglienti ed Efficaci** in questo capitolo. Quando avrai finito di leggere questo capitolo, avrai un arsenale di metodi per calmare la tua mente e il tuo corpo. Pronto a trasformare la tua giornata con passi pratici e vittorie emotive? Continua a leggere!

Metodi per fermare i pensieri

I modelli di pensiero negativi possono essere fastidiosi, vero? Si insinuano e persistono, offuscando le nostre menti con preoccupazioni inutili. Quindi parliamo di come identificarli e interromperli, non sono invincibili. Quando ti accorgi di pensare troppo, riconoscere questi modelli è il primo passo. Potresti sentire quella voce critica che dice: "Perché ho fatto questo?" o "Faccio sempre casini." Sì, è familiare... e non utile.

Quindi, qual è il passo successivo? Interrompere quel modello usando un segnale di stop. Questo potrebbe essere un'immagine mentale, una parola, o addirittura un gesto fisico. **Passo 1: Nota il Ciclo del Sovrapensiero**—il momento in cui la tua mente si inabissa nelle stesse vecchie preoccupazioni. Questo è il segnale per intervenire con un segnale di stop. Che sia un deciso "Stop!" nella tua mente o un semaforo rosso immaginario, l'obiettivo è fermare il loop negativo.

Una volta che hai frenato, è ora di **Passo 2: Riempire il Vuoto**. I pensieri negativi non sono facili da cancellare; lasciano un vuoto che va riempito. Qui entrano in gioco le affermazioni positive. Si tratta di semplici, incoraggianti dichiarazioni su un aspetto di te stesso o della tua situazione. Ad esempio, se il tuo pensiero negativo è "Fallo sempre", sostituiscilo con "Imparo da ogni esperienza".

Analizziamo meglio:

- **Spezza l'Abitudine:** Quando noti che si sta formando un loop, interrompilo. Attacca mentalmente un adesivo "stop" a quel pensiero. Usare un elastico sul polso e dargli un piccolo colpetto può fornire uno shock fisico—abbastanza per deviare la tua attenzione.
- **Contributi Positivi:** Una volta interrotto il ciclo, introduce qualcosa di positivo. Ripeti un'affermazione. Considera: "Questa sfida non mi definisce", o "Ho avuto successo in passato e posso farlo di nuovo."

Ammesso, le affermazioni potrebbero sembrare banali a prima vista... ma pensaci: crediamo alle nostre critiche, quindi perché non alla nostra positività? Puoi ricordarti **costantemente** queste affermazioni. Mettile su post-it in giro per casa, o imposta promemoria sul tuo telefono. Non sono una bacchetta magica... ma utili, senza dubbio.

Ecco qualcosa che aiuta: Stai letteralmente riconfigurando il tuo cervello quando interrompi pensieri negativi e li sostituisci con pensieri positivi. "Siamo ciò che pensiamo ripetutamente." Semplice verità—non sempre facile, ma assolutamente fattibile.

Voglio condividere un **processo semplice**.

Passo 1: Identifica i Modelli di Pensiero Negativi

- Cogli te stesso nell'auto-deprecazione.
- Nota quando stai ripensando a vecchi scenari nella tua mente.
- Sii consapevole dei pensieri innescati dallo stress.

Passo 2: Usa un Segnale di Stop

- Grida mentalmente "STOP!"
- Visualizza un cartello Stop rosso esploso.
- Dà un colpetto con un elastico sul polso.

Passo 3: Sostituisci con Affermazioni

- "Sono capace."
- "Ogni passo in avanti conta."
- "Questo è un'esperienza di apprendimento."

Immagina che il tuo cervello sia come il tuo dispositivo preferito. Quando un pensiero negativo (virus) accade, il nostro obiettivo: premere "reset" e lasciare che gli aggiornamenti (affermazioni positive) sostituiscano i file corrotti.

Nella pratica quotidiana, mantieni questi promemoria vicini, facendo del tuo meglio per riconoscere e sostituire immediatamente i loop negativi. Non devi essere perfetto in merito—il cambiamento richiede tempo. Concentrati sui progressi e sulle piccole vittorie.

Per evidenziare, guarda come questi elementi interagiscono:

"Il chiacchierio interno plasma l'identità... ostacola i loop negativi per rivelare un sé rinnovato."

Sentiti libero di lasciare post-it con affermazioni nei tuoi posti preferiti. Ricordati: meriti gentilezza verso te stesso. Pensieri pratici, momenti brevi contano.

Continua a avanzare—metodo, promemoria pronti. Affidati a quei segnali di stop e affermazioni positive. E qualche auto-riserva di tanto in tanto.

Pronto a fermare quei fastidiosi sentieri negativi? Prova questi passaggi, semplici, efficaci, sempre progresso anziché perfezione.

Terapia dell'esposizione per ridurre la paura.

Quando si tratta di affrontare le nostre paure, **l'esposizione graduale** può fare la differenza. Si tratta di presentarsi lentamente alle cose che ti causano ansia, in modo gestibile. Pensaci come ad immergere le dita dei piedi nell'**acqua** prima di tuffarti - non c'è bisogno di tuffarsi tutto in una volta.

Inizia creando una **gerarchia di scenari che inducono paura**. Questi possono variare da leggermente stressanti a terrificanti. Scrivi queste situazioni in una lista e organizzale dal meno spaventoso al più spaventoso. Ad esempio, se hai paura di parlare in pubblico:

- Parlare davanti a un membro della famiglia
- Parlare in un piccolo gruppo di amici
- Fare una presentazione a un piccolo team di lavoro
- Parlare in una riunione di un team più grande
- Fare un discorso davanti a un pubblico più numeroso

Passo 1: Creare la Lista

Prendi un quaderno e annota diversi scenari che ti provocano ansia. Non pensarci troppo, lascia che gli scenari scorrono.

Passo 2: Organizza la Tua Lista

Una volta che hai la tua lista, disponila dal meno spaventoso al più spaventoso. Questo è il tuo percorso, quindi prenditi il tuo tempo.

Passo 3: Inizia con Qualcosa di Piccolo

Scegli uno scenario dalla parte inferiore della tua lista. Ad esempio, se il pensiero di parlare in pubblico ti terrorizza, inizia magari parlando in un piccolo gruppo. Prova a fare un breve discorso davanti alla tua famiglia durante cena. Sicuramente sarà imbarazzante all'inizio, ma l'obiettivo è di bagnare i piedi senza tuffarti in acqua profonda.

Ripetere questi **piccoli passi** aiuta a costruire la tua tolleranza. **L'esposizione ripetuta** allena la tua mente a vedere che la situazione potrebbe non essere così brutta come sembra. Questo è fondamentale. Con il tempo le tue paure non sembreranno così grandi. Se parlare durante la cena con la famiglia diventa più semplice, passa al passo successivo: magari un gruppo al lavoro.

"Sentirsi spaventati va bene ma lasciare che quella paura ci controlli no."

Ecco un semplice trucco - ogni volta che completi un passo, congratulati con te stesso. Il successo nei piccoli passi conta (fidati di me), e sono proprio queste piccole vittorie a rendere le sfide più grandi meno spaventose.

Andare attraverso la tua lista potrebbe richiedere del tempo, ed è giusto così. Non c'è fretta. L'obiettivo è **aumentare la tua tolleranza** e ridurre la paura poco alla volta. Scoprirai che affrontare le tue paure è una maratona, non uno sprint.

Ma tieni presente questo - perché non si tratta di qualcosa da spuntare dalla lista. Ci saranno ostacoli, forse regressi, ma rimanere costanti porterà risultati. La paura non deve gestire la tua vita, ma tu - tu controlli come affrontarla.

Passo dopo passo, giorno dopo giorno - le piccole parti alla fine porteranno a un grande cambiamento. Ecco ad affrontare le tue paure una piccola vittoria alla volta... e a sentirsi molto più leggeri. Non esitare a concederti un po' di margine, è più sulla **procedura** che sulla destinazione (hai capito cosa ho fatto lì?).

Quindi vai avanti e provalo. Il tuo futuro io potrebbe solo ringraziarti.

Strategie di Attivazione Comportamentale

Quando si cerca di trovare un immediato sollievo dall'elaborazione e dalle ferite emotive, **programmare attività coinvolgenti** può fare miracoli. Non sottovalutare il potere di sollevare l'umore pianificando semplicemente attività divertenti. Hai mai notato come una lezione di danza, una passeggiata nel parco o persino una serata film accogliente sollevino il tuo spirito? Questi piccoli momenti di gioia aiutano a tenere lontani i pensieri negativi.

Passo 1: Scegliere Attività Che Ti Piacciono

Fai una lista di ciò che ti piace fare: leggere, andare in bicicletta, forse cucinare una nuova ricetta. Non deve essere elegante o complicato; si tratta di fare qualcosa che ti faccia sorridere. L'obiettivo principale non è la grandezza ma la soddisfazione.

Prendere il controllo del tuo programma, però, implica stabilire **obiettivi realizzabili per i tuoi compiti quotidiani.** Scomponi le cose in piccoli pezzi gestibili. Potrebbe essere semplice come "leggere per 20 minuti" o "fare un giro intorno al blocco." Gli obiettivi realizzabili significano che sentirai quel piccolo impeto di realizzazione con ogni compito completato. Questo non va sottovalutato: costruisce slancio e dà un senso di progresso.

Passo 2: Stabilire Piccoli Obiettivi Giornalieri

Inizia la tua giornata con un obiettivo. Forse è preparare una colazione semplice o affrontare quella pila di biancheria che ti sta fissando. Annotalo (seriamente, mettilo sul tuo planner): quel piccolo gesto può fare una grande differenza. Quando i pensieri si agitano, individua questi piccoli obiettivi come pietre miliari.

Mentre procedi, **monitora i tuoi progressi e adatta secondo necessità.** È essenziale perché a volte non tutto andrà come previsto. Forse avevi pianificato di leggere un capitolo, ma hai letto solo una pagina. Va bene. Ciò che è più importante è riflettere e riconoscere quando e dove sono necessari aggiustamenti.

Passo 3: Controllare e Modificare il Tuo Piano

Dedica un minuto ogni sera a valutare cosa ha funzionato e cosa no. Ogni risultato positivo riceve un segno—anche le vittorie parziali dovrebbero essere celebrate. Hai mancato i tuoi obiettivi? Modificali. "Leggere un capitolo" diventa "leggere le prime due pagine." Ricalibrando costantemente, adatti la tua strategia a ciò che funziona meglio per te.

Parlando di concetti essenziali, fermiamoci per un po' di saggezza—

"Il progresso raramente deriva da grandi salti, ma da piccoli e deliberati passi avanti."

In sostanza, non essere severo con te stesso quando i piccoli obiettivi rimangono inadempiuti. Invece, considerali come altri pezzi del puzzle che puoi sistemare meglio la prossima volta.

Per rendere ciò pratico, i punti elenco spesso sono utili:

- Avere sempre una lista di attività da fare immediatamente per sollevare il tuo umore.
- Usare planner o promemoria digitali per il monitoraggio degli obiettivi.
- Celebrare le piccole vittorie—sì, davvero, ogni vittoria conta.

Queste strategie comportano un equilibrio tra coerenza e un approccio informale, garantendo manualmente che ogni parte del piano si adatti alla vita reale. Riconosci e accetta la necessità di flessibilità. Partecipa ad attività che suscitano gioia, mantieni gli obiettivi realizzabili e monitora costantemente i tuoi passi... adattandoti senza sensi di colpa.

Tecnica di Libertà Emozionale (EFT) Tapping

Il Tapping o EFT è un metodo unico che mira a punti specifici del corpo per ridurre il disagio emotivo. Quindi, come funziona? È piuttosto semplice in realtà - nell'EFT, picchiettiamo su punti specifici di agopuntura sul corpo, seguendo una sequenza prestabilita per affrontare varie sfide emotive. Questo approccio combina il meglio di entrambi i mondi - agopuntura e psicologia.

Lascia che ti guidi attraverso una sequenza di tapping di base. **Passo 1: Colpo di Karate** (Il lato della tua mano). Inizia picchiettando il lato della tua mano con le punte delle dita dell'altra mano. Qui stabiliamo la nostra dichiarazione iniziale, che di solito è qualcosa del tipo, "Anche se ho questo [problema], mi accetto."

Passo 2: Punto dell'Eyebrow (Dove iniziano le sopracciglia, accanto al naso). Usa due dita per picchiettare delicatamente su questo punto, concentrandoti sul problema che vuoi affrontare. Continua a ripetere dolcemente la dichiarazione del problema.

Passo 3: Lato dell'occhio (Accanto all'angolo esterno dei tuoi occhi). Continua a picchiettare mentre pensi o parli silenziosamente del problema con cui stai affrontando.

Passo 4: Sotto gli occhi (L'osso sotto gli occhi). Piccoli colpetti funzionano meglio qui, poiché la pelle è delicata. Questo aiuta a rilasciare la tensione emotiva che potrebbe essere trattenuta.

Passo 5: Sotto il naso (Tra il labbro superiore e il naso). Alcuni piccoli colpetti mentre rimani concentrato mentalmente sul tuo problema.

Passo 6: Punto del mento (A metà strada tra il fondo del labbro inferiore e il punto del mento). Picchiettare qui aiuta a sciogliere ulteriormente i blocchi emotivi.

Passo 7: Clavicola (Dove si incontrano le tue clavicole). Questo punto ha bisogno di colpetti decisi ma delicati per continuare a rompere i modelli emotivi.

Passo 8: Sotto il braccio (A circa quattro dita sotto l'ascella). Usa le punte delle dita per picchiettare qui poiché supporta il rilascio dell'ultimo pezzo di stress emotivo conservato.

Passo 9: Cima della testa (La sommità della tua testa). Concludi la sequenza picchiettando lievemente direttamente sulla cima della tua testa. Farlo aiuta a ricalibrare l'intero sistema.

Combina queste azioni fisiche con le affermazioni per amplificarne l'effetto. Ad esempio, mentre picchietti su ciascun punto, potresti dire, "Rilascio e lascio andare qualsiasi emozione negativa sia legata a questo ricordo," o "Sono al sicuro e sto bene."

Ecco una citazione a blocco interessante da ricordare:

"La negatività ha solo il potere che gli dai."

Incorpora affermazioni positive mentre picchietti, aiutando la tua mente a spostare l'attenzione dalla negatività. È come dire al tuo cervello che tutto andrà bene, dandogli un incoraggiamento mentale a pezzi. Divertente, vero?

Il Tapping è meraviglioso anche quando ti senti sopraffatto. Hai mai avuto uno di quei momenti in cui tutto sembra proprio... troppo? Prova il tapping! Trova un posto comodo, segui i punti di tapping e guarda lo stress sciogliersi via come il gelato in un giorno caldo (ci possiamo tutti riconoscere, vero?).

Inoltre, ecco un suggerimento interessante: Prova temi emotivi specifici per ogni sessione. Forse inizia la settimana concentrandoti sul "stress sul lavoro," e un altro giorno passa a "preoccupazioni sulle relazioni". Personalizzare la tua sessione di tapping può renderla molto potente! Per esempio:

- Ti senti arrabbiato? Concentrati sui punti del lato, sotto l'occhio e sotto il braccio.
- Sei ansioso? Picchietta le sopracciglia, la clavicola e il mento.
- Stressato? Concentrati intensamente sui punti del lato, del naso e sotto il braccio.

Porta la tua creatività, adatta le tecniche come fossero tue. Si tratta di farle funzionare per te. E francamente, con la pratica, diventa naturale. Provalo la prossima volta che qualcosa ti ha fatto sentire tutto contorto, e vedrai come ti sentirai dopo.

Esercizi Rapidi di Radicamento

Sentirsi sopraffatti dall'eccesso di pensieri può essere una vera sfida, e a volte hai bisogno di un modo rapido per riorientare la tua mente e calmare quella tempesta mentale. Ecco alcune tecniche di radicamento che puoi utilizzare immediatamente per ottenere un sollievo immediato.

Passo 1: Metodo Sensoriale 5-4-3-2-1

Questo è molto utile per uscire dalla tua testa. L'idea è concentrarsi sulle tue circostanze e diventare radicato attraverso i tuoi sensi. Inizia guardandoti intorno e coinvolgendo i tuoi sensi.

- **5 viste:** Guardati intorno e nomina cinque cose che puoi vedere. Potrebbe essere l'angolo di un quadro, una tazza di caffè sul tavolo, il colore blu di un quaderno, una piccola pianta. Qualsiasi cosa nel tuo campo visivo conta.
- **4 suoni:** Poi, nomina quattro cose che puoi sentire. Il cinguettio degli uccelli all'esterno, il basso ronzio del condizionatore d'aria, forse chiacchiere lontane, o il leggero fruscio delle foglie. Semplicemente ascolta.
- **3 tocchi:** Nomina tre cose che puoi toccare. Forse il tessuto del tuo divano, la superficie liscia della tua scrivania, o il calore della tua tazza. Senti le texture.
- **2 odori:** Quali sono due cose che puoi annusare? Caffè appena preparato, una candela profumata di pino, o qualsiasi altra cosa intorno a te. Assapora.
- **1 gusto:** Nomina una cosa che puoi gustare. Che sia il sapore persistente del tuo ultimo pasto o un sorso d'acqua, semplicemente notalo.

Alla fine di questo esercizio, dovresti sentirti più presente e meno coinvolto nelle tue preoccupazioni. Ho scoperto che questo è davvero radicante. Seriamente, è incredibile come concentrarsi sui tuoi sensi ti faccia uscire dal sovrappensiero.

Passo 2: Esercizi di Respirazione Profonda

Quando sei ansioso, la respirazione superficiale spesso peggiora le cose. La respirazione profonda può fare una grande differenza.

- **Trova un posto tranquillo**: Siediti o sdraiati comodamente.
- **Inspirare**: Fai un respiro lento e profondo attraverso il naso, contando fino a quattro mentre lo fai.
- **Trattieni**: Trattieni il respiro per quattro secondi. (Sembra un po' lungo, ma ce la puoi fare!)
- **Espirare**: Respira lentamente attraverso la bocca, contando di nuovo fino a quattro.
- **Ripeti**: Fai questo almeno tre volte, o finché non ti senti più calmo.

La respirazione profonda aiuta a rallentare il battito cardiaco e rilassa i muscoli, spostando la tua attenzione dai pensieri frenetici. Alcune persone amano anche visualizzare una scena rilassante mentre respirano, come un prato tranquillo...qualsiasi cosa ti aiuti a sentirti più rilassato.

Coinvolgiti con l'Ambiente Immediato per Rimanere Presente

Quando la tua mente inizia a spiraleggiare, la peggiore cosa è restare bloccati in quel loop. Esci coinvolgendoti con ciò che ti circonda.

- **Alzati e muoviti**: Fai una passeggiata (i gesti semplici fanno miracoli). Senti il terreno sotto i tuoi piedi. Guarda il cielo.
- **Tocca oggetti**: Qualsiasi cosa vicina, come un libro, una tazza, o persino la tua camicia. Senti le texture e le forme.
- **Porta consapevolezza alle attività quotidiane**: Mangiare, lavare i piatti, o persino piegare la biancheria può essere radicante. Metti tutta la tua attenzione sul processo.

Immergendoti nel mondo fisico, aiuti a interrompere la sofferenza emotiva e a ridurre l'intensità del sovrappensiero. Rende più facile restare nel presente.

Rimanere presente nel momento può ridurre drasticamente il controllo dell'ansia e dello stress. Guarda intorno, respira profondamente, e lascia andare ciò che non puoi controllare.

Prova questi esercizi la prossima volta che ti senti sopraffatto dai pensieri sul passato. Sposta la tua attenzione da ciò che è dentro la tua testa a ciò che è proprio davanti a te. Potresti trovare un po' di pace qui e ora. E chi non ha bisogno di un po' più di pace in questi giorni?

Ricorda, l'obiettivo non è reprimere i pensieri, ma ridurne l'impatto e riacquistare la calma. Sentiti libero di provare questi esercizi ogni volta che hai bisogno di un rapido reset mentale.

Mettiamoci in Pratica!

In questo esercizio, mettiamo in pratica le conoscenze del Capitolo 7, trasformando la teoria in una routine pratica che può offrire un immediato sollievo dall'eccessivo pensare e dal malessere emotivo. Combineremo diverse tecniche come l'arresto del pensiero, l'esposizione, l'attivazione comportamentale, il tapping EFT e il radicamento. Pronto? Cominciamo!

Passo 1: Arresto del Pensiero

Quando la tua mente inizia a girare in tondo nel pensare eccessivo, cogliti e letteralmente dì o pensa la parola **"Stop."** Questa interruzione aiuta a rompere il loop. Esempio: Stai preoccupandoti incessantemente per un incontro imminente. Nella tua mente, grida, **"Stop!"**

In seguito, sostituisci quella spirale negativa con pensieri più costruttivi. Invece di stressarti, pensa, **"Sono preparato e conosco le mie cose."**

Passo 2: Terapia dell'Esposizione per Ridurre la Paura

Scegli qualcosa che ti spaventa (ma inizia con qualcosa di piccolo) ed esponiti ad esso gradualmente. Esempio: Hai paura delle situazioni sociali? Inizia semplicemente passando del tempo in un café, leggendo un libro. Nota le tue reazioni e ricordati: **"Va bene sentirsi nervosi. Sono al sicuro."** Ogni volta che fai ciò, la paura diminuisce un po' di più... passi da gigante!

Passo 3: Attivazione Comportamentale

Spesso, le nostre emozioni ci appesantiscono, impedendoci di fare le cose che ci piacciono. Programma un'attività che sai ti porta gioia o relax, anche se non ne hai voglia. Esempio: Ami dipingere ma non prendi un pennello da tempo. Imposta un timer per soli 10 minuti.

Spesso, una volta iniziato, ti sarà difficile fermarti. Pensaci mentre dipingi: **"Sto facendo questo per me. La mia felicità conta."**

Passo 4: Tapping EFT

Questa è un po' particolare ma molto efficace. L'EFT (Emotional Freedom Technique) consiste nel battere su punti di agopressione del corpo concentrandoti sulle emozioni negative o lo stress. Inizia identificando il problema che ti preoccupa. Esempio: Ti senti sopraffatto dai termini di consegna? Battere delicatamente sui punti e dire, **"Anche se mi sento stressato per questi termini di consegna, mi accetto profondamente e completamente."** Passa attraverso i punti sulle mani, la testa e il viso.

Passo 5: Esercizi di Radicamento Rapido

Quando l'ansia si fa intensa, le tecniche di radicamento ti riportano al presente. Un metodo efficace è l'Esercizio 5-4-3-2-1: Identifica 5 cose che puoi vedere, 4 che puoi toccare, 3 che puoi sentire, 2 che puoi odorare e 1 che puoi gustare.

Esempio: Standoti alla finestra del tuo ufficio, potresti vedere gli alberi, toccare la scrivania, sentire i colleghi chiacchierare, odorare il caffè (mmm!), e gustare una mentina. Gli esercizi di radicamento distruggono la mente che corre e ti ancorano al **presente.**

Per concludere, crea una **mantra** per legare insieme tutte queste pratiche... qualcosa del tipo: **"Fermo i pensieri negativi, affronto le mie paure, faccio cose che mi rendono felice, allontano lo stress con il tapping, e mi radico nel presente."**

Coinvolgersi in questi passaggi quotidianamente (o ogni volta che il mondo sembra travolgente) aiuta a sradicare quegli abitudini radicate di pensare troppo e di malessere emotivo, aprendo la via a una vita più piena e pacifica. Hai creato strumenti ora - semplici, accessibili, efficaci. Vai avanti, provaci!

Capitolo 8: Pratiche sostenibili a lungo termine

"La trasformazione è il risultato finale di tutto il vero apprendimento."

Stiamo raggiungendo il passo chiave nel consolidare ciò che abbiamo imparato. Si tratta di **farlo rimanere**, assicurandoci che i cambiamenti apportati non siano solo momentanei ma a lungo termine. Questo capitolo approfondisce le *Pratiche sostenibili a lungo termine*, che è ciò che tutti desideriamo quando si tratta di crescita personale, vero?

Ti sei mai ritrovato a ricadere in vecchie abitudini e pensare, "Perché succede sempre questo?" Non preoccuparti; non sei solo. **Mantenere le abitudini di Ristrutturazione Cognitiva** è cruciale. Successivamente, passiamo a **Integrare Nuovi Modelli di Pensiero nella Routine**, perché il vero cambiamento si sente naturale quando fa parte della tua routine quotidiana.

Hai mai avuto una giornata fantastica e poi *boom*—qualcosa ti fa precipitare? Riconoscere i tuoi **Scatenanti Personali** ti assicura di essere preparato, sempre. Con **Piani di Coping Personalizzati**, hai una mappa per navigare in terreni difficili. Infine, esploreremo **Strategie per Prevenire le Ricadute**, perché chi vuole andare indietro, giusto?

Leggendo questo capitolo, acquisirai strumenti per rendere il tuo progresso duraturo, proteggerti dagli ostacoli e incorporare nuove abitudini nel tuo DNA. Sfoglia la pagina e costruiamo insieme quel futuro a cui stai puntando...

Mantenere le abitudini di ristrutturazione cognitiva

Programmare regolari sessioni di ristrutturazione cognitiva—veramente, è come dedicare del tempo per prendersi cura di se stessi—può fare la differenza. Facendo diventare parte della tua routine, come lavarti i denti o fare colazione, crei un'abitudine che sembra meno un compito e più una parte naturale della tua giornata. Forse impostare un promemoria sul tuo telefono per un momento tranquillo, quando sai di non essere disturbato. Avere questi momenti programmati ti aiuta a mantenere la coerenza e dimostra che è una priorità.

Facendo ciò, rafforzi un atteggiamento in cui identifichi attivamente e sfidi i pensieri negativi. Immagina di essere in una riunione difficile con il tuo capo e qualcuno critica la tua performance. Invece di precipitare nel "Sono terribile nel mio lavoro," prenditi del tempo in seguito per analizzare il pensiero e ridisegnarlo. Pensa, "Una critica non definisce il mio lavoro; mi aiuta a crescere." Capisci? Questo non è solo un processo occasionale—è un'abitudine che vale la pena costruire e, col tempo, rende più facile gestire quei pensieri sfidanti quando sorgono.

Le affermazioni quotidiane entrano in gioco anche qui—quelle piccole frasi possono impostare il tono per la tua giornata. Mi piace iniziare con qualcosa di semplice e personale, come "Sono capace;" diventa un contraltare positivo a qualsiasi negatività interna o esterna. Scrivi alcune tue... magari tienile su post-it in giro per casa per servire da gentile, costante promemoria. Questo rinforzo costante, giorno dopo giorno, aiuta a costruire una sorta di scudo mentale—bloccando il dubbio su se stessi prima che si radichi.

Monitorare i progressi è un altro elemento di impatto. Una breve annotazione nel diario—niente di stravagante—può fare miracoli qui. Appuntare quei piccoli successi come "Oggi, mi sono reso conto di star pensando troppo e ho cambiato prospettiva," serve non solo come una pacca sulla spalla ma anche come modo per vedere quanto sei avanzato. Quando noti schemi o pensieri negativi ricorrenti, è più facile individuare le aree che necessitano di più attenzione.

Uno dei punti chiave da ricordare (beh, più come "non dimenticare mai") è accettare che il progresso non è sempre lineare. Alcuni giorni sembreranno un passo indietro, e va bene! (Sì, anche i presunti contrattempi fanno parte del progresso in avanti.)

Queste abitudini strutturali aiutano a rafforzare la resilienza contro i pensieri negativi. Diventi più abile nel notare quando e perché emergono modelli negativi, consentendoti di intervenire e arginare il pensiero eccessivo prima che si sviluppi.

"Sviluppa l'abitudine come allenare un muscolo; più costantemente ti alleni, più diventi forte."

Per rendere le cose più facili, forse segui questi passaggi:

- **Identifica il Pensiero Negativo**

Catturalo prima che si sviluppi. Se senti quel noto richiamo al pensiero negativo, metti in pausa. Sii consapevole del pensiero con cui stai lottando.

- **Sfida il Pensiero**

Discutilo! Potrebbe essere meno grave o meno probabile di quanto pensi? Pensa a prove positive che smentiscono quella prospettiva cupa. È qui che avviene un significativo cambiamento mentale "avanti e indietro".

- **Sostituisci il Pensiero**

Qui è dove entra in gioco il vero potere. Sostituisci "Non riuscirò mai a farlo giusto" con "Potrei avere difficoltà ora, ho avuto difficoltà in passato, sono sempre migliorato." Sostituisci qualunque pensiero—cambia il tono del tuo dialogo interiore.

- **Rifletti Regolarmente**

Prima di dormire o al risveglio, prenditi del tempo—solo pochi minuti—per annotare quanto spesso ti trovi di fronte a questi pensieri e i tuoi successi nel ristrutturare quei pensieri complicati. Tieni traccia.

Affrontando il lavoro per sentirsi bene mentalmente, inizi a capirti meglio e a compiere piccoli passi ogni giorno. Mantieni il controllo sui pensieri che una volta avevano influenza, passando verso un terreno emotivo più stabile senza rimanere bloccato in loop di pensiero eccessivo. (Credimi, queste cose fanno miracoli.)

Riconoscere e rispettare veramente il tuo processo di crescita può respingere vecchie abitudini di dubbio, portando naturalmente a uno spazio mentale in cui sei libero... permettendoti di godere dei momenti vibranti che la vita ha in serbo. Non pensi che valga lo sforzo?

Integrare Nuovi Modelli di Pensiero nella Routine

Imposta degli obiettivi. Qualcosa di specifico e raggiungibile, non troppo folle, e sicuramente alla tua portata. Che tu stia puntando a controllare il telefono solo tre volte al giorno o a eliminare un'abitudine, questi piccoli passi si accumulano nel tempo. Gli obiettivi forniscono direzione; ti mostrano dove puntare i tuoi sforzi e ti mantengono concentrato.

Cosa ne dici di promemoria visivi? Questi sono estremamente utili. Un post-it sul frigorifero, lo sfondo dello schermo, o anche un piccolo bracciale mantengono la tua mente attenta ai nuovi obiettivi. Questo non si tratta di intasare il tuo spazio ma di spingere delicatamente i tuoi pensieri nella giusta direzione. Vedere spesso questi promemoria incorporerà gradualmente quei nuovi modelli di pensiero nelle tue azioni quotidiane.

Pratica la compassione verso te stesso. Sul serio, concediti un po' di tregua. Cambiare il modo in cui pensi non è una corsa ad ostacoli; è più simile a una maratona. Inciamperai e commetterai errori, e va bene così—fa parte del pacchetto. Ricordati che ogni passo, anche quelli all'indietro, contribuisce al tuo progresso. Pensaci come se stessi parlando con un buon amico; non ti biasimerebbero per gli errori, quindi perché dovresti farlo tu? Rifletti sui momenti di lotta come opportunità di apprendimento anziché come fallimenti.

La pazienza... sì, può essere difficile. I modelli di pensiero non sono come la scrittura su un lavagnino; sono più simili a intagliare nella pietra. Pensa a cercare di cancellare un'abitudine profondamente radicata—ogni piccola sforbiciata fa la differenza ma non cambia tutto in una volta. Dai tempo e permetti a questi cambiamenti di stabilizzarsi naturalmente.

"Va BENE avere giorni no, va BENE commettere errori... pensaci come pause in una lunga canzone."

Quando ti accorgi di ripiombare nei vecchi schemi, reindirizza gentilmente i tuoi pensieri. Forse quando stai pensando troppo a una conversazione passata, ricordati: "È fatta, non posso cambiarla." Questo funziona un po' come guidare una macchina—apportando piccoli aggiustamenti piuttosto che virate improvvise.

I punti elenco possono ulteriormente semplificare questa transizione:

- Post-it per promemoria costanti
- Allarmi del telefono con stimoli motivazionali
- Semplici grafici per monitorare i progressi

Il bilanciamento è fondamentale qui. Raggiungere gli obiettivi non dovrebbe significare esaurirsi. Dedica momenti al self-care, come lo definisci tu—una passeggiata, leggere, o semplicemente stare tranquillo.

- **Imposta un Obiettivo Chiaro**

  Pensare in piccolo aiuta all'inizio. Ad esempio, se sei propenso a pensare troppo, un obiettivo potrebbe essere: "Praticherò la respirazione consapevole per 5 minuti al giorno."

- **Usa Promemoria Visivi**

  Metti un post-it dove lo vedrai—uno specchio del bagno funziona alla grande: "Respira, sii presente." Questi segnali agiscono come briciole di pane, che ti riportano sul sentiero ogni volta che ti allontani.

- **Applica la Compassione verso te Stesso**

  Dì a te stesso che va bene lottare. Forse hai avuto un giorno in cui quegli obiettivi sembravano difficili da raggiungere. Riconoscilo e sii gentile con te stesso: "Ogni passo conta, anche nei giorni difficili."

- **Correggi Gentilmente**

  Quando ti accorgi di scivolare verso la negatività, modifica il pensiero. Immagina di trovarti a rimuginare—metti in pausa e sostituisci con: "Ho fatto del mio meglio con le informazioni che avevo."

Per concludere, integrare nuovi modelli di pensiero nella vita di tutti i giorni non è una vittoria immediata. È come piantare semi dove cure e attenzioni quotidiane li fanno germogliare e crescere più forti. Con obiettivi specifici, promemoria visibili, e un atteggiamento compassionevole, questi nuovi modelli presto sembreranno un'abitudine—accessibili e realizzabili, rendendo la tua routine un terreno fertile per il cambiamento positivo.

Identificazione dei Trigger Personali

Quando si affronta lo stress emotivo o l'ansia, capire cosa scatena quei sentimenti può essere utile. È come scoprire piccoli pezzi di un puzzle. Comprendere cosa ci fa scattare (o esplodere) può darci un migliore controllo sulle nostre reazioni. Ecco alcuni passaggi per identificare e gestire quelle situazioni scatenanti.

Tenere un elenco dei trigger conosciuti

Inizia annotando situazioni, parole, persone - qualsiasi cosa ti faccia battere il cuore o ti faccia sudare le mani. Non deve essere elaborato; prendi un quaderno o usa persino il telefono. Questo elenco ti aiuterà a prevedere e prepararti a quando queste situazioni potrebbero sorgere. Per esempio, se noti che inizi a sentirti ansioso ogni volta che ricevi una email di lavoro dopo l'orario d'ufficio, mettilo nell'elenco. *Oh, e credimi, è così facile da comprendere!*

Monitorare le reazioni emotive a diverse situazioni

È il momento di prestare attenzione a come reagisci. Sei il detective della tua vita. Se una riunione improvvisata con il tuo capo ti lascia la mente annebbiata, annotalo. Ti sentivi impaziente? Sopraffatto? Arrabbiato? Tenere a mente situazioni e l'aumento delle emozioni ti aiuterà a identificare schemi. Inoltre, annotare queste reazioni aiuta a trasformare sensazioni vaghe in qualcosa di più concreto... *è come dare un nome al fantasma.*

Sviluppare consapevolezza dei segnali fisici dello stress

I nostri corpi sono intelligenti - a volte, più intelligenti di noi. Mandano segnali quando siamo stressati. Presta attenzione a segnali come i pugni stretti, il cuore che batte veloce, il respiro superficiale o le spalle tese. Spesso ho trovato la mascella serrata in situazioni stressanti, di cui sarei stato all'oscuro se non avessi preso un momento per fare un controllo su me stesso. Una volta riconosciuti questi segnali, diventerai più veloce nell'identificare quando stai per scatenare uno stress prima che peggiori.

"Anche qualcosa di piccolo come battere il piede nervosamente può essere un grande indicatore che ti senti a disagio o stressato."

Non finisce qui. Ecco alcuni consigli extra piacevoli.

- **Controlla il tuo ambiente**: La sensibilità alla luce ti provoca mal di testa? Troppi tab aperti creano caos? Il tuo ambiente gioca un ruolo. Adattati di conseguenza e risparmia molto disagio.
- **Valuta prima di reagire**: Prima di tuffarti in un'argomentazione o decisione, metti in pausa e valuta il tuo ambiente insieme al tuo stato interno.

Infine, condividi queste scoperte con qualcuno che è con te in questa situazione - il tuo partner, un amico stretto, forse anche uno psicoterapeuta. Alcuni trigger sono gestiti meglio quando sono esposti e condivisi. Se qualcuno sa della tua paura di parlare in pubblico, possono darti una mano e sostenerti.

Il tuo compito è essere paziente e continuare a investigare azioni e reazioni delicatamente. I nostri corpi reagiscono in modo evidente allo stress - indizi essenziali per individuare i trigger. Annota quei scoppi di cuore... ("o vertigini o serramenti di pugno" - vedrai i pattern più chiaramente con la copertura palpabile proprio lì).

Piani di Gestione Personalizzati

Creare un piano per affrontare lo stress può cambiare la vita. Ma organizzarlo in passaggi pratici... è lì che accade la magia! Analizziamolo.

Identificare i Fattori di Stress

Inizia scrivendo le cose che ti stressano. Potrebbe essere qualsiasi cosa, dai termini di lavoro ai drammi familiari. Appuntali tutti, non importa quanto grandi o piccoli sembrino. È come cercare di individuare le nuvole prima di uscire – vuoi solo essere preparato.

Costruisci una Cassetta degli Attrezzi Anti-Stress

Pensa a tecniche che possono aiutarti a gestire lo stress. Forse respiri profondi quando ti senti sopraffatto, o magari una rapida passeggiata intorno al blocco. Scrivi alcune tecniche utili che sai funzionano per te – o anche quelle di cui hai sentito parlare e che vuoi provare. **L'esercizio fisico, la meditazione e gli hobby possono salvarti durante i momenti stressanti.**

Ecco un rapido elenco:

- Esercizi di respirazione profonda
- Passeggiate brevi
- Ascolto di musica rilassante
- Scrivere i tuoi pensieri in un diario
- Impegnarti in un hobby che ami

Coinvolgi i Tuoi Alleati

Identifica le persone che ti supportano. A chi ti fidi di condividere i tuoi sentimenti? Potrebbero essere membri della famiglia, amici stretti o addirittura uno psicologo professionista. Avere supporto può essere prezioso... la tua piccola squadra di cheerleader.

La tua lista potrebbe includere:

- Membri della famiglia

- Amici stretti
- Mentori o colleghi fidati
- Consulenti o terapisti professionali

Pratica e Adatta

Inizia ad utilizzare la tua cassetta degli attrezzi quando ti senti stressato, e assicurati di comunicare con coloro nella tua rete di supporto. Vedi cosa funziona e cosa no. I respiri profondi aiutano o il metodo non funziona? (Come le ricette, a volte devi aggiustare gli ingredienti... non esitare ad adattare i tuoi approcci.)

Guarda le recensioni – in questo contesto, come stanno funzionando le tue strategie? Un po' di revisione del diario può darti spunti su ciò che è efficace. Fallo diventare un'abitudine... non perché è facile, ma perché è utile.

"Se inciampi, fallo diventare parte della danza" – si tratta di adattarsi e andare avanti.

Crea un Programma

Incorpora queste tecniche di gestione dello stress e i controlli di supporto nella tua routine quotidiana. Non richiede un programma militare – un piccolo incoraggiamento, come aggiungere del tempo dedicato a te stesso dopo cena o stabilire una chiamata settimanale con un amico, fa miracoli.

Gli slot temporali giornalieri e settimanali potrebbero includere:

- Meditazione mattutina: 10 minuti al giorno
- Passeggiate serali: 20 minuti, tre volte a settimana
- Chiamate/messaggi settimanali agli amici: ogni sabato

Rifletti e Riaffina

Ogni poche settimane, prenditi un po' di tempo per riflettere sul tuo piano. Qual è il tuo livello di stress? C'è qualcosa che potresti fare in modo diverso? **Le revisioni regolari e i miglioramenti faranno la differenza.** Metodi più freschi potrebbero funzionare meglio... si tratta di mantenerlo dinamico.

In fin dei conti, ricorda che questo è *il tuo* piano e non c'è una soluzione universale (fidati, so quanto la personalizzazione possa essere confortante). Le tattiche contro lo stress non sono fisse per sempre – evolvono con te. Rendi il tuo piano flessibile e continua a perfezionarlo. Il viaggio è più importante della corsa al traguardo.

Strategie per Prevenire una Ricaduta

Mantenere tutto sotto controllo a lungo termine può essere un po' complicato se non si è armati con gli strumenti giusti. Ecco alcuni metodi pratici per aiutare a rimanere sulla retta via e prevenire di ricadere nelle vecchie abitudini.

La coerenza è tua amica. Stabilire una routine quotidiana coerente può davvero aiutare. Inoltre, chi non ama un po' di ordine? Pensate a cose semplici come stabilire un orario specifico per svegliarsi, fare esercizio, lavorare e rilassarsi. Non deve essere rigoroso come in stile militare. Forse ti svegli alle 7 del mattino, fai colazione e poi fai una breve passeggiata. Poi fai un po' di lavoro o progetti personali fino a mezzogiorno. Seguire un modello ogni giorno crea un ritmo, e la tua mente (così come il tuo corpo) inizierà a fare affidamento su di esso. Cose semplici come queste creano una base stabile per tenere lontano lo stress.

Un altro approccio forte... praticare l'assertività per evitare situazioni stressanti. Non rimanere semplicemente in disparte e permettere al mondo di scaricare i suoi problemi su di te. Fatti sentire! Stabilisci dei confini. Per esempio, se qualcuno ti carica costantemente il suo stress addosso, spiega gentilmente ma fermamente che puoi aiutare solo quando non ti senti sopraffatto tu stesso (ed è anche lecito dire no a volte). Anche dire, "Attualmente

mi sto concentrando sulle mie cose, possiamo parlarne più tardi?"
fa miracoli.

Passiamo alla parte divertente... impegnarsi in attività che stimolano
la mente. Queste possono essere qualsiasi cosa, dal leggere,
praticare un hobby, cucinare una nuova ricetta, o semplicemente
rilassarsi con un po' di buona musica. L'idea è di nutrire il tuo
cervello con un po' di positività e distrazione. Spesso sento persone
dire, "Dovrei riprendere lo yoga!" o "Forse inizierò a fare
giardinaggio." A cui rispondo, fai ciò che ti sembra giusto per te.
Anche preparare un bel pasto può essere un gesto gratificante in più
modi di quanto si pensi!

La vita lancia anche palle curve, ed è normale inciampare
occasionalmente. Quindi a volte ricordare ciò che ci aiuta può essere
fondamentale. Dì a te stesso ogni mattina: **"Dai priorità alla mia
pace. Affronta solo una cosa alla volta."**

Per assicurarti di non deviare, ecco una guida utile:

Passo 1: Costruisci una Routine

- Stabilisci orari di risveglio e di sonno (sì, gli stessi orari ogni
  giorno)
- Inserisci periodi specifici per i pasti, il lavoro, l'esercizio
  fisico e il tempo libero
- Tieni un planner o crea un programma semplice (fa bene
  segnare le cose, fidati di me)

Passo 2: Sii Assertivo

- Dì di no quando è troppo (hai il diritto di proteggere la tua
  pace)
- Stabilisci dei confini (sia personali che professionali)
- Impara e usa frasi chiave come "Non posso concentrarmi su
  questo in questo momento" per evitare ulteriore stress

Passo 3: Partecipa ad Attività Positiva

- Scegli hobby che portano gioia o relax
- Pianifica le attività in anticipo (Guarda un film, leggi un libro, pianifica persino un bel progetto fai da te)
- Connettiti con altri che condividono gli stessi interessi (trova un gruppo locale o una comunità online)

Mantenere queste pratiche potrebbe essere l'arma segreta contro il ripiombare nel sovrappensiero e lo stress. Certamente, ci saranno giorni in cui sarà più difficile attenersi ad esse, ma avere queste abitudini di base offrirà struttura, calma e un senso di equilibrio che sono vitali per il benessere continuo.

Divertiti mentre ci sei. Dopotutto, hai una vita da vivere!

Mettiamoci in Pratica!

Va bene, quindi hai trascorso del tempo ad approfondire le intuizioni più profonde del Capitolo 8. Si tratta di stabilire pratiche sostenibili a lungo termine per una vita più pacifica e equilibrata, sembra un sogno, vero? Ma come possiamo far funzionare questa teoria nel mondo reale? Buone notizie: trasformeremo questi concetti in azioni qui e ora.

Passo 1: Inizia con la Ristrutturazione Cognitiva

Che cosa dici? Fondamentalmente, si tratta di allenare il tuo cervello a trasformare i pensieri negativi in pensieri più positivi e utili. Ecco cosa devi fare: Pensa a un pensiero negativo comune che hai — forse è, "Faccio sempre errori." Prendi un foglio di carta e scrivilo. Quindi, metti in discussione questo pensiero! È davvero vero tutto il tempo? Probabilmente no. Quindi accanto ad esso, scrivi, "Faccio errori a volte, come tutti gli altri, ma sto imparando e migliorando."

Esempio:

- Pensiero Negativo: "Sono terribile nel gestire lo stress."
- Nuovo Pensiero: "Sto imparando a gestire lo stress meglio ogni giorno."

Fallo quotidianamente finché non diventa naturale. È come andare in palestra per la tua mente.

Passo 2: Integra i Nuovi Modelli di Pensiero nella Tua Routine

Va bene, hai i tuoi pensieri positivi su carta. Ora, come fai a farli rimanere? La ripetizione è la chiave. Identifica momenti quotidiani in cui questi nuovi pensieri possono entrare in gioco. Forse puoi iniziare la giornata con una di queste affermazioni positive o ricordartela ogni volta che ti trovi di fronte a una sfida.

Esempio Pratico:

- Affermazione Mattutina: Svegliati e di': "Ogni giorno è un'opportunità per crescere e migliorare."
- Quando Affronti una Sfida sul Lavoro: Fermati, respira e pensa, "Questo è difficile, ma ho affrontato situazioni difficili prima e ne sono uscito più forte."

Più integri questi pensieri nella tua giornata, più diventeranno forti.

Passo 3: Identifica i Tuoi Trigger

Tutti abbiamo quelle piccole cose che ci fanno arrabbiare — una email in ritardo, un commento brusco, chiamale come vuoi. Identificare questi trigger è come trovare la radice di una pianta infestante; una volta che sai da dove proviene, puoi gestirlo meglio. Prendi un diario e annota i momenti che aumentano il tuo stress o la tua negatività. Cosa è successo? Come ti sei sentito? L'obiettivo qui non è solo annotarli, ma capire davvero cosa ti fa scattare.

Esempio di Annotazione:

- Trigger: "Quando il mio capo critica un progetto su cui sto lavorando."
- Sentimento: "Mi sento come se non fossi abbastanza bravo."

Passo 4: Crea Piani di Gestione Personali

Per ogni trigger, sviluppa un piano d'azione che ti aiuti a rimanere calmo e concentrato. Questo piano può includere azioni come esercizi di respirazione profonda, fare una breve passeggiata, o ricordarti dei successi passati.

Esempio di Piano di Gestione:

- Trigger: Feedback negativo sul lavoro.

- Piano di Gestione: Fai tre respiri profondi. Ricordati di tre cose che hai fatto bene di recente. Decidi un'azione costruttiva per migliorare la situazione.

Quindi quando arriva quella critica, hai degli strumenti pronti all'uso invece di lasciarti trascinare in pensieri negativi.

Passo 5: Strategie per Prevenire le Ricadute

Le vecchie abitudini muoiono dure, ed è così facile ricaderci quando meno te lo aspetti. Avere delle strategie pronte può aiutarti a rimanere in carreggiata. Un metodo efficace è fissare regolari momenti di autovalutazione. Forse ogni domenica, dedicati 15 minuti per rivedere i tuoi progressi. Rifletti su cosa sta funzionando e su cosa non lo è.

Domande di Autovalutazione Esempio:

- "Sono riuscito a riformulare i miei pensieri negativi con successo questa settimana?"
- "Ci sono stati trigger per i quali non ero preparato?"
- "Cosa posso fare di diverso la prossima settimana per migliorare?"

Un altro suggerimento: Condividi i tuoi progressi con un amico o uno psicoterapeuta. A volte, verbalizzare i tuoi obiettivi e le tue lotte ad alta voce può aggiungere quel livello di responsabilità — e un po' di supporto non fa mai male.

Per riassumere, stabilire pratiche sostenibili a lungo termine richiede uno sforzo costante e consapevolezza, ma è alla tua portata. Ristrutturando i tuoi pensieri, incorporando nuovi modelli di pensiero nella tua routine, comprendendo e affrontando i trigger, personalizzando meccanismi di coping e creando strategie per evitare ricadute, ti stai preparando per una vita molto più calma e resiliente. Hai tutti gli strumenti a portata di mano — usali saggiamente e guarda come inizi a vivere di più e a rumoreggiare di meno.

Capitolo 9: Abbracciare la Libertà e Andare Avanti

"La libertà è l'ossigeno dell'anima."

Benvenuto in un emozionante capitolo che imposta il tono per **nuovi inizi** e superare le vecchie lotte. *Ti sei mai sentito bloccato in un loop, costantemente ripensando alle stesse cose vecchie?* Questo capitolo è tutto sul liberarsi da quel ciclo.

Cominceremo con come **mantenere la resilienza emotiva** - cosa significa davvero, giusto? Si tratta di mantenere la calma e essere forti anche quando le cose si fanno difficili. Poi, è tempo di festeggiare! **Progressi e traguardi** possono sembrare piccoli, ma sono davvero importanti per mantenerti motivato.

Andando avanti, vivere senza costanti rimuginazioni è come liberarsi dal caos mentale. Finalmente puoi respirare e concentrarti su ciò che viene dopo. Parlando di ciò che viene dopo, **potenziare te stesso per le sfide future** è fondamentale. Pensaci come la costruzione del tuo kit per le svolte della vita.

Infine, risorse per la crescita continua. *Sempre utili, giusto?*

Alla fine di questo capitolo, ti sentirai più leggero, più concentrato e pronto ad affrontare tutto ciò che viene sulla tua strada. Quindi vediamo come possiamo abbracciare la libertà e guidare felicemente avanti!

Ti sembra buono? *Cominciamo.*

Sostenere la Resilienza Emotiva

Costruire la resilienza emotiva—wow, può essere sfidante, vero? Ma è anche super importante perché prepara il terreno su come affronti alti e bassi della vita. Costruire la forza mentale attraverso l'autoconsapevolezza è un buon punto di partenza. Devi conoscere te stesso per affrontare veramente lo stress.

Prenditi un momento di tranquillità; rifletti su un momento di sconfitta emotiva che hai vissuto. Nota i tuoi pensieri—si trasformano in negatività, oppure individuano soluzioni? Per esempio, dopo un litigio con un amico, anziché concentrarti sui sentimenti feriti, puoi chiederti, "Cosa posso imparare da questo? Come posso gestirlo diversamente la prossima volta?"

Essere adattabili è altrettanto fondamentale. La vita è imprevedibile, giusto? Quello che aiuta è avere la flessibilità di adattare il tuo pensiero quando le cose non vanno come previsto. Immagina che la tua scadenza lavorativa venga improvvisamente anticipata. Potresti prendere panico, ma potresti anche decidere di lavorare in sessioni più brevi e intense—essenzialmente ingannando il tuo cervello nel vedere la situazione come una nuova sfida risolvibile.

Passo 1: Pratica dell'Autoconsapevolezza: Tieni un diario per annotare i tuoi pensieri e sentimenti. Un semplice processo in tre fasi ogni giorno (cosa è successo, come ti sei sentito, cosa hai imparato) farà molta strada.

Passo 2: Flessibilità nel Pensiero: Quando ti ritrovi bloccato in un modello di pensiero negativo, sforzati attivamente di pensare a risultati o soluzioni alternative. Puoi persino provare a fare qualcosa di fisico per scuotere la tua mentalità—come una corsa veloce o una pausa con un puzzle.

Ora, parliamo dello sviluppo di meccanismi sani per affrontare lo stress emotivo. Sicuramente hai i tuoi modi, ma sono efficaci? A volte, ciò che pensiamo sia utile in realtà non lo è.

Le **modalità positive per affrontare** possono includere:

- Attività fisiche, come passeggiate quotidiane o qualsiasi sport che ti piace.
- Sfoghi creativi, come disegnare, suonare uno strumento musicale o lavorare a maglia (sì, lavorare a maglia). Queste attività permettono al tuo cervello di staccare da fonti di stress.
- Parlare con qualcuno di fiducia. Aiuta più di quanto pensi.

Dall'altra parte, quello che vuoi **evitare** sono meccanismi di affronto non salutari:

- Bere o mangiare in modo abituale come modo per anestetizzare il dolore.
- Scorrere sui social media per ore, che potrebbe sembrare un'evadere iniziale ma spesso porta a più stress.

Pensa a cosa ti ha aiutato in passato a gestire lo stress. Forse pensi "Mi rilasso molto giocando ai videogiochi." Va bene, ma bilancia questo con altri metodi di affronto. La varietà ti aiuta ad essere più resiliente.

Passo 3: Identifica Sfoghi Salutari: Può fare la differenza (sì, usato quella parola!) avere alcuni punti di riferimento quando arriva lo stress. Che si tratti di un allenamento, un hobby, o semplicemente di parlare con un amico, fai una lista a cui fare riferimento quando ne hai bisogno.

Passo 4: Limita le Abitudini Dannose: Presta attenzione ai comportamenti che potrebbero sembrare piacevoli a breve termine ma dannosi a lungo termine. Essere consapevoli è il primo passo per ridurli.

Essere resilienti emotivamente non significa sempre evitare lo stress—affrontiamolo, la vita è piena di stranezze. Piuttosto, si tratta di imparare a **cavalcare le onde** senza affogarci. "Il successo nella vita è il 10% ciò che ti accade e il 90% come reagisci."

Quella citazione potrebbe sembrare un po' cliché, ma c'è verità in essa, vero? Vedere le sfide come opportunità di crescita anziché come ostacoli cambia il modo in cui le affronti.

Passo 5: Rifletti: Prenditi sempre un momento per fare una riflessione mentale (o letterale) della tua giornata. Identifica le fonti di stress e valuta come le hai gestite, pensando anche a come potresti gestire situazioni simili meglio in futuro.

Mossa Decisiva: Impegnati a riflettere quotidianamente. Ti prepara ad affrontare lo stress meglio ogni giorno, rendendo quelle onde un po' più facili da cavalcare.

Costruire la resilienza riguarda apportare cambiamenti pratici— quelli che puoi iniziare oggi. Tieni quel diario a portata di mano, mantieni la flessibilità nel pensiero, fai affidamento su sfoghi salutari, limita le cose dannose, e prenditi il tuo momento di riflessione quotidiano. È gratificante... Tieni duro, sei sulla strada giusta!

Celebrare i Progressi e i Successi

È essenziale darsi una pacca sulla spalla ogni tanto. Le piccole vittorie sono come piccoli fuochi d'artificio che illuminano il nostro percorso di progresso: ci danno motivazione e ci fanno sentire bene riguardo ai passi che stiamo compiendo.

Riconoscere le Piccole Vittorie

Le piccole vittorie aiutano a mantenere alto il nostro spirito. Forse hai deciso di meditare solo per cinque minuti oggi o sei riuscito a dire 'no' a un piano a cui non ti sentivi all'altezza. Questi momenti contano e ricordarteli può aumentare il tuo morale. Pensaci come a piccole realizzazioni degne di essere celebrate. Un amico una volta mi disse: "Attribuire importanza alle piccole vittorie è cruciale", e mi è davvero rimasto impresso: ogni passo avanti merita il suo proprio tipo di riconoscimento.

Impostare Obiettivi e Monitorare i Successi

Gli obiettivi realizzabili mantengono le cose realistiche e ci motivano a raggiungere quei traguardi. Forse vuoi leggere un capitolo di un libro ogni giorno. Indovina cosa succede quando segni ogni capitolo che completi? Vedi una lista crescente di successi che ti guardano fisso—abbastanza figo, vero? Un controllo settimanale o mensile può aiutare a mantenere quei segnalibri di progresso in vista.

Creare Rituali Personali

Stilare alcuni rituali personali può elevare il processo di crescita in qualcosa di speciale. Potrebbe essere semplice come scattare una foto ogni volta che completi un allenamento o scrivere velocemente un'annotazione nel diario quando hai gestito meglio una conversazione difficile rispetto al passato. Dare un nome a un rituale come "Venerdì Fantastico" o "Giovedì Grato" può farli sentire ancora più personali.

"Il rituale che corrisponde a un comportamento positivo diventa il suo proprio premio."

Considera:

- Accendere una candela alla fine di ogni settimana produttiva per simboleggiare il tuo duro lavoro.
- Scrivere tre cose di cui sei orgoglioso prima di andare a letto.
- Pianificare una piccola coccola dopo aver completato un compito impegnativo come cuocere dei biscotti o guardare un film preferito.

Iniziare i paragrafi in modo diverso mantiene il coinvolgimento.

Suggerimenti Pratici per la Vita Quotidiana

Non hai bisogno di una grande cerimonia per segnalare i tuoi successi. A volte, mettere in pausa, riconoscere e andare avanti è sufficiente:

- Hai finito quel progetto impegnativo prima del previsto? Fatti il cinque, magari prendi il tuo snack preferito.
- Finalmente hai parlato con un amico di qualcosa che ti preoccupava? Sorriditi allo specchio e riconosci il coraggio che hai avuto.
- Sei riuscito a mantenere un'alimentazione più sana per una settimana? Scrivi un veloce "Woohoo!" nel tuo diario.

Ogni passo ti avvicina a dove vuoi arrivare.

C'è Valore nel Riconoscimento

Riconoscersi favorisce una mentalità più sana. Siamo orgogliosi di aver saltato meno giorni di allenamento e di aver risposto alle email difficili. Anche notare una maggiore concentrazione o meno ansia dice immediatamente al tuo cervello che stanno accadendo cose positive, rendendolo più propenso a mantenere abitudini positive.

I piccoli momenti portano a grandi cambiamenti quando li apprezziamo. Anche gestire una giornata difficile, come affrontare emozioni pesanti e sopravvivere, conta come una vittoria.

Tratta il progresso come qualcosa di sacro e,

- Trova significato nelle piccole vittorie;
- Imposta obiettivi realistici e tracciabili;
- Stabilisci rituali personali per risuonare con la crescita.

Per quanto possa sembrare semplice, l'effetto cumulativo fa una differenza sostanziale. Ogni piccola vittoria è come una moneta in un salvadanaio—piccola da sola, preziosa collettivamente. Quindi, continua a celebrare i successi e onorare la crescita. Continua a notare il progresso, un piccolo traguardo alla volta.

Vivere senza Costanti Rimuginamenti

Vivere senza costanti rimuginamenti non è solo un sogno; è fattibile e può diventare realtà con un po' di impegno e pratica. Un passo che puoi compiere è praticare la presenza. Essere nel momento presente aiuta molto quando ti ritrovi a rimuginare sul passato o preoccuparti per il futuro. Piuttosto che lasciare che la tua mente vada alla deriva verso tempi passati, prenditi un momento (o più di uno) per notare ciò che ti circonda. Cosa puoi vedere, sentire o toccare? Concentrarti su queste cose ti riporta al momento presente... a ciò che stai facendo in quel preciso istante.

Quando si tratta di pensieri negativi, è così facile che sfuggano al controllo. Forse stai pensando a qualcosa che hai detto una settimana fa e che vorresti non aver detto. Invece di lasciarlo ronzare nella tua mente, ridirigi questi pensieri verso azioni costruttive. Ad esempio, potresti:

- Fare una corsa o esercizio fisico, rilasciando lo stress e cambiando il tuo ambiente immediato.
- Partecipare a un'attività creativa—come disegnare, cucinare, o fare giardinaggio—che ti piace.
- Chiamare o mandare un messaggio a un amico, parlando di altre cose per interrompere il ciclo di negatività.

Un'altra tattica altamente efficace è stabilire dei confini con situazioni scatenanti. Ci sono eventi, persone o luoghi specifici che ti fanno iniziare a rimuginare sul passato? Identificarli è il primo passo. Se sfogliare i social media ti provoca sentimenti negativi... riduci il tempo passato davanti allo schermo o smetti di seguire determinati account. Se alcune persone ti abbassano sempre il morale, limita le interazioni con loro o discuti di come le loro azioni ti influenzano.

Qualcuno ha detto una volta,

"Ciò che occupa la tua mente, controlla la tua vita,"

che è veritiero. Quando riempi i tuoi pensieri di aspetti positivi, c'è poco spazio per le preoccupazioni passate.

Se concentrarti sul qui e ora e ridirigere i tuoi pensieri sembra difficile, considera questi passaggi:

Passaggio 1: Riconnettersi con i Tuoi Sensi

Nota le piccole cose: l'odore del tuo caffè, la morbidezza della tua coperta, o il cinguettio degli uccelli fuori.

Passaggio 2: Cambiare la Tua Routine

A volte, un cambiamento di scenario (percorrere una strada diversa, riorganizzare la tua stanza, o trovare un nuovo caffè dove passare del tempo) fa la differenza.

Passaggio 3: Impostare Limiti Chiari

Se un evento sociale ti rende ansioso, rifiuta gentilmente. Se un compito ti stressa, delegalo se possibile o suddividilo in parti più piccole.

L'essenza di vivere senza costanti rimuginamenti risiede nel non permettere al passato di dominare il presente. Capisco, liberarsi da vecchie abitudini non è semplice. Ma ogni piccolo passo nella pratica della presenza, nel ridirigere i tuoi pensieri, e nell'imporsi dei confini si accumula nel tempo, avendo un impatto significativo sul tuo benessere.

Pensaci in questo modo: ogni volta che un pensiero negativo tenta di invaderti, cerca di scegliere un'azione piccola per contrastarlo. Che si tratti di contare i tuoi respiri o aprire un libro che ami, l'obiettivo principale è ridirigere quell'energia. Affrontare questi momenti man mano che si presentano insegna gradualmente alla tua mente che sei tu a controllare.

È importante fare di queste azioni pratiche una abitudine. È un po' come allenarsi; si migliora facendolo in modo costante. Presto inizierai a vivere di più nel presente e a creare una mentalità in cui i rimuginamenti non hanno spazio per insediarsi. Quando rendi queste abitudini parte di te, la vita sembra decisamente più leggera... più liberatoria.

Benvenuto a vivere senza essere intrappolato dal passato o dall'ansia da eccessivo pensare! Credimi, regalarti questo dono lascia molto spazio per le nuove, positive cose che la vita ha in serbo per te.

Potenziare te stesso per le sfide future

Affrontare nuove sfide può essere spaventoso, ma con la mentalità giusta è del tutto possibile. Concentrarsi sul coltivare una **mentalità di crescita** è cruciale. Questa mentalità non riguarda il essere perfetti tutto il tempo — nessuno lo è — ma riconoscere che le abilità possono essere sviluppate attraverso il duro lavoro, buone strategie e il contributo degli altri. Per esempio, quando ti trovi di fronte a un ostacolo sul lavoro, è naturale sentirsi frustrati. Ma invece di considerarlo un fallimento, vedilo come un'opportunità per imparare qualcosa di nuovo o migliorare le competenze attuali. È un cambiamento sottile nel pensiero, ma potente.

Successivamente, parliamo del potenziamento delle **abilità di risoluzione dei problemi** e della capacità di adattamento. La vita è imprevedibile — non puoi prevedere ogni ostacolo sul cammino, ma puoi migliorare nel gestirli. **Un passo importante** è suddividere i problemi in pezzi più piccoli e gestibili. Se senti che il tuo carico di lavoro è schiacciante, suddividendo i compiti in parti più piccole puoi affrontarli uno per uno, rendendo l'intera situazione meno spaventosa.

Anche la **visualizzazione** può essere utile in questo caso. Immagina il risultato finale che desideri e lavora al contrario per identificare i passaggi chiave per arrivarci. Anche la flessibilità è fondamentale. I piani possono cambiare, le situazioni possono prendere una piega inaspettata — ma adattarsi senza perdere la calma è una competenza degna di essere affinata. Pensaci come ginnastica per il tuo cervello.

Gestire lo stress in modo proattivo è essenziale. Aspettare che lo stress si accumuli prima di affrontarlo può avere conseguenze sulla tua salute. Abitudini salutari come pause regolari, esercizi di respirazione profonda o anche una chiacchierata con un amico possono fare una grande differenza. Queste abitudini possono essere come la tua arma segreta, preparandoti ad affrontare lo stress prima che si trasformi in un problema.

Considera di seguire questi passaggi:

- **Costruisci una Routine**
  - La coerenza può tranquillizzare la mente. Anche semplici routine come la meditazione mattutina o le passeggiate serali ti aiutano a stabilizzarti.
  - La routine non significa rigidità — rendila abbastanza flessibile da adattarsi alle tue esigenze ma abbastanza consistente da favorire la stabilità.
- **Pratica la Consapevolezza**
  - Dedica qualche minuto ogni giorno a essere presente. Che sia attraverso la meditazione o semplicemente spegnendo le distrazioni per concentrarti sui tuoi sensi, gli esercizi di consapevolezza migliorano la chiarezza.
  - Non è necessario sedersi a gambe incrociate e respirare profondamente; vivi semplicemente nel

momento, prestando piena attenzione alle tue azioni e all'ambiente circostante.

- **Rimani Attivo Fisicamente**
  - ○ Il movimento fisico non fa bene solo al corpo — rinfresca la mente. Che sia yoga, jogging o anche ballare nel tuo soggiorno, trova ciò che ti piace.
  - ○ È interessante come sudare riduca l'ansia e aumenti un senso generale di benessere.

Un ottimo consiglio per mantenere una mentalità proattiva arriva dalle parole sagge:

"Sii sempre pronto per le sfide inaspettate; è in quei momenti che si impara."

La gestione proattiva dello stress significa anche cercare risorse prima che siano necessarie. Avere una playlist o un podcast a cui ricorrere che ti tranquillizza, sapere quali amici chiamare quando le cose si complicano e avere alcune tecniche di rilassamento come la respirazione profonda o il rilassamento muscolare nel tuo arsenale.

Lavorando su questi aspetti, ti **potenzierai** per restare saldo quando le cose non vanno come previsto. Continua a coltivare quella mentalità, affinare i trucchi per risolvere i problemi e gestire lo stress prima che si accumuli, sarai meglio preparato per le sfide future.

Quindi fai una breve passeggiata, assapora il tuo caffè mattutino con piena consapevolezza, sintonizzati sul tuo podcast preferito, inizia a organizzare il tuo set di trucchi e tecniche, piccoli aggiustamenti come questi possono portare a grandi progressi nel tempo... e prima di rendercene conto, non solo stai facendo fronte alle sfide — stai prosperando.

Non ti sembra bello sentirsi pronto per le incognite della vita? Si tratta degli sforzi minori che si accumulano per ottenere risultati più grandi. In poche parole, coltiva quella mentalità di crescita, affina la capacità di risolvere i problemi e rimanere flessibile, e affronta lo stress in modo proattivo.

Buono studio.

Risorse per la Crescita Continua

È sempre buono cercare libri e letteratura sulla **resilienza emotiva** e sull'**auto-miglioramento**... È come avere dei mentori proprio sulla tua mensola dei libri, che ti guidano ogni volta che ne hai bisogno. Titoli come "L'ostacolo è il cammino" di Ryan Holiday e "Accettazione radicale" di Tara Brach offrono preziose intuizioni per sviluppare una maggiore **resistenza emotiva**. Quando ci si scontra con il passato, certi libri possono quasi sembrare la mano calda di un amico, che ti guida dolcemente verso la guarigione.

Corsi e seminari sullo sviluppo personale sono un'altra ottima strada da percorrere. L'opportunità di partecipare a workshop come "Svela il Potere Dentro di Te" di Tony Robbins o di partecipare a piattaforme online come i numerosi corsi di Coursera sul **benessere mentale** ti offre strumenti pratici. Pensa a questo – e se un singolo workshop potesse fornirti meccanismi per fermare la tua mente che gira in tondo su ogni errore passato? A volte, ascoltare idee presentate dal vivo, con esercizi tangibili, rende il messaggio ancora più incisivo.

Poi c'è la semplice magia dei **gruppi di supporto**, facilmente reperibili che tu sia in una grande città o in un piccolo paese. Gruppi come quelli gestiti dagli ospedali locali, centri comunitari, o attraverso piattaforme come Meetup, ti offrono il conforto e la solidarietà dell'esperienza condivisa. Ti senti già sopraffatto dai ricordi o dalle decisioni passate? Entra in uno di questi gruppi, ascolta gli altri sentire il peso che stai sopportando, condividi la tua parte. Potresti rimanere sorpreso da quanto leggero quel peso possa diventare quando viene occasionalmente ventilato all'aperto.

E non trascurare il consiglio professionale nel percorrere questo cammino. Parlare con uno psicoterapeuta o un life coach specializzato nella **guarigione delle ferite emotive** o nella **consapevolezza** può fornirti strategie personalizzate per gestire l'eccessivo pensare troppo. Trovare uno psicoterapeuta o un consulente attentamente sintonizzato sulle sfumature di questi punti delicati può quasi sembrare come trovare un protettore in un bosco sconosciuto.

Per un cambiamento veramente duraturo, è essenziale integrare queste raccomandazioni nella tua vita quotidiana. Non ogni fonte parlerà profondamente e personalmente a te, ma ognuna aggiunge qualcosa di unico al tuo bagaglio. Nel considerare **azioni quotidiane** per il supporto continuo:

- Stabilisci un programma di lettura, consentendo a sezioni di diversi libri di influenzare le tue routine mattutine e serali.
- Iscriviti ad almeno un nuovo seminario o corso online ogni pochi mesi. Trattali come rinfreschi di abilità – come cambi d'olio per la tua mente e le tue emozioni.

  "A volte la vita ti metterà alla prova, ma ricorda questo: quando cammini su una montagna, le tue gambe diventano più forti."

- Impegnati a partecipare a un incontro di un gruppo di supporto ogni quindici giorni. Anche solo ascoltare senza partecipare può portare a un sollievo inaspettato.

Alcune abitudini efficienti sono semplici. Esplora la letteratura, iscriviti a corsi di sviluppo personale, partecipa al **supporto di gruppo**, e cerca orientamento professionale quando sembra cruciale. **Curare una miscela di risorse per costruire saggezza**

emotiva non riguarda uno sforzo straordinario—ma costante, piccoli gesti.

Pensa a una persona il cui **equilibrio emotivo** ammiri— probabilmente ha adottato una serie di tattiche di auto- miglioramento. Quindi, scegli quel libro che ha impatto, partecipa a quel corso significativo, unisciti a quel gruppo facilitatore, e consulta quel professionista saggio. Ogni sforzo aiuta a dissipare la nebbia, portando la libertà di una mente libera dall'eccessivo pensare troppo.

Sentirti come te stesso, trasformato possibilmente in qualcosa di meraviglioso attraverso lo sforzo; non è questa una risorsa degna di essere perseguita?

Mettiamoci in Pratica!

Va bene, quindi hai letto il Capitolo 9 su "Abbracciare la Libertà e Andare Avanti", ed è ora di trasformare quella conoscenza in azione. Affrontiamo insieme un esercizio pratico che mette insieme tutto: mantenere la resilienza emotiva, celebrare i progressi, scrollarsi di dosso le continue ruminazioni, potenziarsi per futuri contrattempi e utilizzare le risorse per la crescita continua. Ti sembra buono? Iniziamo subito!

Passo Uno: Fissa la Tua Intenzione

Inizia prendendo un diario (o un foglio di carta), e pensa al **perché** vuoi andare avanti. Qual è quel desiderio ardente? Potrebbe essere creare relazioni più sane, trovare pace con te stesso, o abbattere quelle barriere autoimposte.

Scrivilo. Per esempio:

"Voglio andare avanti per avere relazioni più appaganti."

Questa intenzione sarà la tua stella polare.

Passo Due: Costruisci Resilienza Emotiva

La resilienza emotiva non arriva da un giorno all'altro, giusto? Un esercizio pratico e continuo è l'uso delle affermazioni quotidiane. Inizia scegliendo un'*affermazione* che risuoni con la tua intenzione. Le affermazioni possono essere semplici ma incredibilmente potenti.

Dì queste ad alta voce ogni mattina:

- "Sono forte e posso affrontare qualsiasi cosa venga verso di me."
- "Sono padrone dei miei pensieri e sentimenti."
- "Ogni giorno in ogni modo, sto migliorando sempre di più."

Ottimo, hai le tue affermazioni? Scrivine alcune che ti sembrano giuste e ripetile con costanza.

Passo Tre: Celebra le Tue Vittorie, Grandi e Piccole

Probabilmente stai procedendo bene, anche se potresti non rendertene conto. Celebrare i progressi non è solo per i grandi traguardi - contano anche le piccole vittorie.

Crea una "Lista delle Celebrazioni". Ogni volta che accade qualcosa di buono, grande o piccolo, annotalo.

Esempi includono:

- "Ho contattato un amico che stavo evitando."
- "Ho provato più calma e meno ansia questa settimana."

Ogni fine settimana, rivedi questa lista. Premi te stesso! Potrebbe essere qualcosa di piccolo come una bella tazza di caffè, o qualcosa di emozionante come una gita in un posto speciale.

Passo Quattro: Riduci le Costanti Ruminazioni

Ruminare è un diavolo subdolo, sempre in agguato - credimi. Ecco il trucco: quando sorprendi quei pensieri che si insinuano, prepara un *mantra* per cambiare il focus. Uno semplice ed efficace è:

- "Stop. Ora sono io a comandare."

Inoltre, pratica la consapevolezza. Dedica del tempo (diciamo, 5-10 minuti) per qualche respiro profondo o un'app di meditazione di consapevolezza. Liberare quella nebbia mentale è come premere un pulsante di reset.

Passo Cinque: Potenzia Te Stesso per le Sfide Future

La vita lancia a tutti l'occasionale palla curva - il trucco è essere pronti a colpire. Rafforzati creando un "Piano di Potenziamento". Dettaglia cosa fare nelle situazioni difficili.

Esempio:

*Situazione: "Sento di essere sopraffatto/a dal lavoro."

*Piano: "Fai respiri profondi, elenca i compiti e affrontali uno alla volta."

Visualizza il superare le sfide con forza e compostezza. Esercita mentalmente questo piano in modo che diventi naturale.

Passo Sei: Risorse per la Crescita Continua

La vita è una curva di apprendimento continua! Tieni una lista di risorse come amici di supporto, terapia, podcast motivazionali o libri. Impegnati ad utilizzare almeno una risorsa a settimana o al mese per continuare a crescere.

Crea una mini biblioteca (fisica o digitale) di questi aiuti. Esempi:

*Podcast: ""Il Collettivo Calmo."

*Libro: "Il Potere del Momento Presente" di Eckhart Tolle.

Avere questi strumenti a portata di mano significa che hai sempre l'attrezzatura giusta per la manutenzione emotiva.

Ora, segui ogni di questi passaggi giorno per giorno. Tieni stretta la tua stella polare (le intenzioni). Non stai puntando alla perfezione - solo a passi consistenti in avanti.

Rimani radicato, rimani festeggiato, e mantieni quel rugito di forza interiore. Goditi il viaggio - stai facendo benissimo.

Conclusione

"Non devi controllare i tuoi pensieri. Devi solo smettere di permettere loro di controllarti." — Dan Millman

E così, caro lettore, siamo giunti alle parole finali de "Il Potere del Lasciar Andare". Questo libro ti ha accompagnato attraverso il labirinto dell'eccessiva riflessione e delle ferite emotive, mostrando come ti trattenessero dalla libertà che meriti veramente.

Nella **Parte 1: Comprendere le Catene,** abbiamo identificato le trappole dell'eccessiva riflessione e i loop infiniti che ne derivano. Il ruolo del critico interiore è stato svelato—spesso, è il nostro giudice più severo. Riconoscere l'immensa pesantezza emotiva derivante dal rivangare il passato ha aperto la strada per notare i sintomi e, soprattutto, iniziare a rompere questo insidioso ciclo.

Paura e ansia—due facce della stessa medaglia con l'eccessiva riflessione—rivelano le loro radici psicologiche e come si intrecciano con i nostri pensieri circolari nel Capitolo 2. Portando alla luce le loro origini ci ha dato il potere di iniziare a gestirle con strategie iniziali concrete.

Il Capitolo 3 ci ha messo faccia a faccia con le ferite emotive, aiutandoci a vedere come i traumi passati plasmano i nostri pensieri attuali. Nonostante la negatività, il punto focale qui è nel riconoscimento e nella comprensione che **la guarigione inizia con un singolo piccolo passo.**

Passando alla **Parte 2: Prepararsi al Cambiamento,** il Capitolo 4 ci ha introdotto alle tecniche di autoconsapevolezza. Riconoscendo i nostri schemi di pensiero e utilizzando strumenti di Terapia Cognitivo-Comportamentale (TCC) per l'auto-riflessione, abbiamo stabilito obiettivi realistici (e fattibili) verso il recupero.

Riformulare e ristrutturare i pensieri, come esplorato nel Capitolo 5, ha insegnato varie tecniche per il dialogo interiore positivo e la ristrutturazione cognitiva. Applicare queste routine quotidiane aiuta a riscrivere i nostri script interni per il meglio.

Per quanto riguarda la **regolazione emotiva**, il Capitolo 6 ha fornito tecniche cruciali di radicamento e principi terapeutici che chiunque può utilizzare per stabilizzare il proprio stato mentale— consentendo lo sviluppo di una disciplina emotiva resiliente.

Praticare il Lasciar Andare—il culmine nella Parte 3 del nostro viaggio insieme—è iniziato con le tecniche del Capitolo 7 per un sollievo immediato. Questi sono i punti fermi immediati su cui contare quando la routine diventa difficile.

Il Capitolo 8 garantisce che i cambiamenti che apportiamo siano sostenibili attraverso abitudini costanti e la memorizzazione di piani personalizzati di affronto distribuiti nel tempo.

Infine, nel Capitolo 9, vivere senza continue ruminazioni annuncia un nuovo potere, ravvivando la nostra connessione con un futuro più positivo e speranzoso. Mantenere la resilienza emotiva, celebrare anche il minimo progresso e rafforzare le strategie di questo libro sono vitali per una crescita continua.

Concludendo, spero tu porti con te queste lezioni: Rifletti spesso, agisci coraggiosamente e trova gioia nella nuova libertà emotiva. Procedendo, possa tu continuare a guarire, crescere e godere di una vita meno appesantita dalle ombre del passato. Ecco a un futuro pacifico e consapevole... in cui hai il potere di non riflettere e abbracciare sinceramente la libertà che meriti...

Viaggi sicuri e illuminanti (dal mio cuore al tuo).

Una recensione sarebbe d'aiuto!

Quando supporti un autore indipendente, **stai supportando un sogno**.

Se sei soddisfatto del mio libro, per favore prenditi un momento per lasciare il tuo **feedback onesto**. Significa veramente molto per me. Se hai suggerimenti per miglioramenti, sentiti libero di inviare un'email ai contatti che puoi trovare al link fornito di seguito.

In alternativa, puoi scannerizzare il codice QR incluso per trovare il link dopo aver selezionato il tuo libro.

La tua recensione richiede solo pochi secondi, ma **la tua voce ha un grande impatto** sulla visibilità e sui progetti futuri.

Ecco come puoi lasciare una recensione:

- Clicca sul link qui sotto
- Seleziona la copertina del libro che hai acquistato
- Clicca su Recensione
- Invia

Grazie per il tuo supporto!

Visita questo link per lasciare un feedback:

https://pxl.to/LoganMind

Unisciti al mio Team di Revisione!

Grazie mille per aver preso il mio libro. Il tuo supporto significa il mondo per me! Ho un'invito speciale per te. Se sei appassionato di lettura e vorresti ottenere una copia gratuita del mio libro, mi piacerebbe che ti unissi al mio **Team di Revisione**.

Ecco come puoi unirti:

- Clicca sul link o scannerizza il codice QR.
- Clicca sulla copertina del libro nella pagina che si apre.
- Clicca su "Unisciti al Team di Revisione."
- Registrati su **BookSprout**.
- Ricevi una notifica ogni volta che pubblico un nuovo libro.

Guarda il team qui:

https://pxl.to/LoganMind